Bestseller Internacional

Alberto Vázquez-Figueroa
El Inca

Planeta

Este libro no podrá ser reproducido,
ni total ni parcialmente, sin el previo
permiso escrito del editor.
Todos los derechos reservados

© Alberto Vázquez-Figueroa, 1999
© Editorial Planeta, S. A., 2001
   Còrsega, 273-279. 08008 Barcelona (España)

Diseño de la cubierta: Opalworks
Ilustración de la cubierta: © Cover
Fotografía del autor: © T. Gonçalves
Primera edición en Colección Booket: mayo de 2001

Depósito legal: B. 16.139-2001
ISBN: 84-08-03927-X
Impreso en: Litografía Rosés, S. A.
Encuadernado por: Litografía Rosés, S. A.
Printed in Spain - Impreso en España

Biografía

Alberto Vázquez-Figueroa nació en Santa Cruz de Tenerife en 1936. Hasta los dieciséis años vivió en el exilio con su familia entre Marruecos y el Sahara. Cursó estudios de periodismo y en 1962 empezó a trabajar como enviado especial de la revista *Destino*, de *La Vanguardia* y más tarde de Televisión Española. Ha visitado centenares de países y fue testigo de excepción de numerosos acontecimientos clave de nuestra historia, entre ellos las guerras y revoluciones de Guinea, Chad, Congo, República Dominicana, Bolivia, Guatemala...
Tras una temporada como director cinematográfico se dedicó por completo a la creación literaria.
Ha publicado más de cuarenta libros (entre ellos *Tuareg*, *Océano*, *La ordalía del veneno* y *Piratas*), ha sido traducido a numerosos idiomas y nueve de sus novelas fueron adaptadas al cine. Alberto Vázquez-Figueroa es uno de los autores españoles contemporáneos más leídos en el mundo.

Rusti Cayambe alcanzó justo renombre y se labró felicidad y fortuna tras la terrible batalla de Aguas Rojas.

Al mando de un pequeño destacamento de hombres agotados y hambrientos decidió lanzarse en persecución de cuanto quedaba del maltrecho ejército del escurridizo Tiki Mancka, quien intentaba adentrarse en las remotas estribaciones de la cordillera con la evidente intención de reagrupar a sus fieles, lamerse las heridas y aguardar los refuerzos que le habían prometido las tribus del norte.

Rusti Cayambe sabía muy bien, y eso era algo que de igual modo sabían el mismísimo Emperador y hasta el último de sus soldados, que si al astuto Tiki Mancka se le concedía un corto respiro tras tan espectacular derrota, al año siguiente los ríos volverían a correr ensangrentados, e incluso tal vez se pondría en serio peligro el futuro del Imperio.

Y es que los feroces guerreros montañeses, idólatras, crueles y despiadados, se habían convertido en un tumor maligno asentado en el corazón mismo de la nación; una lacra que aterrorizaba a sus habitantes, impedía el normal desarrollo de las provincias limítrofes y frenaba una y otra vez las ansias de expansión de un pueblo que necesitaba crecer año tras año si no quería correr el riesgo de anquilosarse y perecer.

El mayor de los océanos era dueño de la frontera oeste del país, al este se abrían impenetrables selvas pantanosas, y por lo tanto norte y sur conformaban los únicos horizontes viables para quienes aspiraban a que sus hijos y sus nietos disfrutasen de un futuro brillante y prometedor.

Personalmente, Rusti Cayambe no abrigaba grandes esperanzas en lo que se refería a la conquista del sur, ya que su primera misión como oficial había sido la de explorar el mítico y lejano Atacama, y su ya incipiente instinto de hombre nacido para la estrategia militar le había llevado a la conclusión de que el simple hecho de atravesar tan ardiente desierto implicaría sin duda mucho más daño que provecho.

Mas allá del ardiente erial de aguas salitrosas nacían nuevas cordilleras de alturas inconcebibles tras las que se ocultaban territorios poblados por seres primitivos que poco o nada tenían que ver con los habitantes de las ricas tierras del norte, y, por lo tanto, el fértil reino de los ríos ricos en oro y minas de esmeraldas debían constituir, en su opinión, los primeros objetivos a tener en cuenta.

No obstante, el acceso a semejantes tesoros se encontraba bloqueado por los ejércitos de Tiki Mancka y sus incontables aliados.

La feroz batalla de Aguas Rojas, librada cara a cara en un hermoso valle convertido ahora en pestilente cementerio, se diseñó con la intención de poner punto final a tan dolorosa contienda, pero por enésima vez el escurridizo cacique rebelde había conseguido eludir el cerco, burlar la bien diseñada estrategia de los generales imperiales y alcanzar el nacimiento de los intrincados senderos que serpenteaban por entre los altísimos picachos de la más inaccesible de las regiones del planeta.

Una larga y amarga experiencia había dejado claramente establecido que allí —en las mismísimas entrañas del infierno de una extensa cordillera en la que tras un picacho nevado de más de cinco mil metros de altitud se abría una estrecha garganta por cuyo fondo discurría un río rugiente y embravecido— los montañeses se convertían en poco menos que fantasmas, puesto que ningún extraño sería nunca capaz de encontrar las angostas y profundas cuevas en las que solían ocultarse.

Debido a ello, el impetuoso capitán Rusti Cayambe no cesaba de gritar palabras de aliento destinadas a que sus hombres no se dejasen vencer por la fatiga o impresionar por la angostura de los senderos que bordeaban los abismos, convencido como estaba de que aquélla constituía la mejor ocasión que se les había presentado nunca de acabar definitivamente con los enemigos del Imperio.

—¡Vamos, vamos! —aullaba—. ¡Les estamos pisando los talones!

La marcha se había convertido en una frenética carrera en la que de tanto en tanto algún desgraciado se precipitaba al vacío con un alarido de terror, y en su transcurso, Rusti Cayambe perdió a uno de sus más fieles oficiales: aquel que tantos años atrás le acompañara en su baldía exploración de los desiertos de Atacama.

Se le encogió el alma al verle desaparecer como un halcón al que se le hubieran quebrado de improviso las alas, y tuvo que morderse los labios y hacer un supremo esfuerzo por contener unas lágrimas que le hubieran impedido distinguir con claridad el punto en que debía pisar si no quería seguir idéntico destino.

Había llovido mucho durante los últimos meses, por lo que las piedras del camino habían criado un musgo espeso y resbaladizo que dificultaba aún más el avance, y todo aquel que no asentara firmemente el cuerpo antes de aventurarse a dar un nuevo paso, se arriesgaba a una muerte tan inútil como estúpida.

Caer en el fragor de la batalla y a la mayor gloria del Emperador era un final asumible para cualquier soldado, pero despeñarse y que su cadáver desapareciera entre las aguas de un riachuelo tumultuoso resultaba a la vez deshonroso y ridículo.

Sudaban y resoplaban trepando como alpacas con la vista al frente y temiendo que en cualquier recodo del camino los acechara una emboscada, pero el enemigo no parecía en disposición de presentar batalla, ya que lo único a que aspiraba era a escapar tan aprisa como le permitieran las escasas fuerzas de que aún disponía.

En más de una ocasión alcanzaron a algún exhausto rezagado al que se apresuraban a rematar sin compasión para arrojarlo al río, pues no era aquélla guerra de prisioneros sino de una victoria total que amenazaba con escurrírseles entre los dedos.

En la distancia hizo por fin su aparición el sagrado puente de Pallaca, balanceándose altivo y en apariencia frágil sobre un abismo de más de doscientos metros de altura, y al verlo, un escalofrío de terror corrió por la espalda de los perseguidores tan sólo de imaginar que las bestias impías a las que perseguían se encontraran dispuestas a cometer la innoble y casi inconcebible herejía de destruirlo.

—¡Vamos, vamos, vamos!

Pero no se podían pedir nuevos esfuerzos a unos bravos guerreros agotados primero por la lucha cuerpo a cuerpo y ahora por la larguísima carrera, por lo que Rusti Cayambe advirtió desalentado cómo seis de sus seguidores se iban quedando rezagados, incapaces de dar un paso más en línea recta, con la boca muy abierta, los ojos casi fuera de las órbitas y un sudor frío empapando sus ensangrentados ponchos.

Impotente, asistió desde la orilla opuesta al inaudito sacrilegio.

Los últimos montañeses no habían concluido de atravesar aún el puente cuando ya sus compañeros comenzaron a descargar feroces hachazos sobre las gruesas cuerdas que lo unían a los pilares de roca, y aunque el fabuloso Pallaca se mantenía firme en su puesto en el momento en que Rusti Cayambe alcanzó la amplia explanada, pronto comprendió que sus hombres no disponían del tiempo necesario para atravesar los treinta metros escasos que los separaban de sus enemigos.

Se limitó por tanto a tomar asiento al borde del abismo, y ahora sí que permitió que las lágrimas corrieran desvergonzadamente por sus oscuras mejillas, consciente de que estaba a punto de ser testigo de un crimen abominable.

Las hachas continuaban su labor, indiferentes al mal que estaban causando, Tiki Mancka gritó con todas las fuerzas de sus pulmones, se escuchó un crujido estremecedor y aquella portentosa obra maestra de la ingeniería trazó un semicírculo en el aire y fue a rebotar contra la pared de roca.

Los montañeses aullaron de alegría, blandieron sus armas y por último giraron sobre sí mismos para mostrar impúdicamente sus sucios traseros a cuantos se habían dejado caer, agotados, en la ancha explanada de la orilla opuesta.

Poco después se perdían de vista entre los árboles para desaparecer definitivamente rumbo a sus lejanas guaridas, de las que no volverían a salir hasta que se hubieran recuperado de la ominosa derrota.

Todo volvía a sus principios.

Todo había resultado inútil.

Los muertos, la sangre, el sufrimiento...

¡Todo para nada!

Los generales se verían obligados a regresar al Cuzco con la cabeza gacha para postrarse a los pies del Emperador y admitir que un año de esfuerzos y un bien meditado plan de acción no habían dado más frutos que un valle sembrado de cadáveres.

Tiki Mancka seguía con vida.

Su ensangrentada maza continuaba pendiendo sobre el futuro del Imperio.

Pronto o tarde asestaría un nuevo golpe allí donde menos cabía esperar, y un incontable número de víctimas inocentes quedarían tendidas una vez más sobre los campos de maíz.

¡Oh, Viracocha, Viracocha!, ¿por qué consientes que la maldad continúe habitando entre nosotros?

¿Por qué el dios creador, padre del Sol y padre por tanto de su hijo en la tierra, permitía que un zarrapastroso montañés, violador de doncellas y asesino de niños, causara tanto pesar al pueblo elegido?

Aquéllas eran preguntas para las que el animoso capitán jamás encontraba respuesta, al igual que no entendía la razón por la que Viracocha había creado un ardiente desierto que servía de protección a los pestilentes *araucanos*, que ocupaban una escala social apenas ligeramente superior a la de las alimañas con cuyas pieles se vestían.

Los incas aspiraban a extender su cultura sobre todos los pueblos del universo, sacando a las primitivas tribus de su atraso de siglos, pero abismos, desiertos o seres despreciables se interponían continuamente en su camino, como si un dios más poderoso aún que Viracocha se esforzara por continuar manteniendo las distancias entre los seres civilizados y las bestias.

Los montañeses, como los *araucanos*, o como los *aucas* de las selvas orientales, odiaban el trabajo, vivían de la caza y la rapiña, no respetaban a las mujeres y los ancianos, rendían culto a ídolos crueles y despreciables, y se negaban a aceptar cualquier tipo de autoridad legalmente constituida.

Pero aun así, algún extraño ser los protegía.

¿Por qué?

¿A qué sé debía tan patente injusticia?

Quien quiera que destruyese un puente que un centenar de hombres habían tardado un año en construir, perdiendo muchos de ellos la vida en la aventura, no merecía que los dioses le respetaran, pero aun así, allí estaban aquellos hijos de las sombras de las más oscuras grutas, murciélagos sin alas, sapos venenosos, sanguijuelas de charco, mostrando sus cagados traseros a quienes los habían vencido en campo abierto, para escapar libremente protegidos sin duda por las más repelentes criaturas del reino de las tinieblas.

—¿Qué hacemos, capitán?

Rusti Cayambe alzó el rostro hacia el siempre animoso Pusí Pachamú, un alférez que con la desaparición del primer oficial pasaba automáticamente a ocupar su puesto, y tras advertir que las primeras sombras se dibujaban ya contra la pared fronteriza del acantilado lanzó un hondo suspiro de resignación.

—¿Y qué podemos hacer? —inquirió a su vez—. Regresar en la oscuridad significaría arriesgarse a perder la mitad de la tropa... ¿Hay algo de comer?

—Muy poca cosa.

—Que se reparta entre los reclutas. Se supone que los veteranos debemos estar habituados a las calamidades de la guerra, y un fracaso tan estrepitoso anula el apetito.

—No debes sentirte culpable por no haber conseguido alcanzar a esos cobardes —le hizo notar su subordinado tomando asiento a su vera—. Cosa sabida es que el miedo mueve las piernas mucho más aprisa que el valor. El que huye de la muerte tiene siempre las de ganar frente al que tan sólo persigue la gloria.

—Yo no perseguía la gloria... —puntualizó Rusti Cayambe en tono que no permitía dudar de su absoluta sinceridad—. La gloria no hace fértiles los campos ni madura el grano. Yo perseguía la paz, que es lo único que a la larga garantiza buenas cosechas.

—Me sorprende de ti que raramente te expreses como soldado. Más recuerdas a un palurdo «destripaterrones», que a un valiente capitán del Emperador.

—Nací «destripaterrones».

El otro le golpeó con afecto la rodilla al tiempo que negaba con un firme ademán de la cabeza:

—Naciste militar y de los buenos. Tu primera arma fue sin duda una *taccla*, pero estoy seguro de que cada vez que la clavabas en tierra imaginabas que la estabas clavando en el corazón de Tiki Mancka.

—Tal vez tengas razón... —admitió su amigo y capitán—. Cierto es que desde que tengo memoria ese maldito nombre me obsesiona, y temo que más aún me obsesionará de ahora en adelante, sabiendo que lo tuve al alcance de la punta de mi lanza y no me dio oportunidad de arrojársela.

—¡Ocasiones habrá!

—¿Cuándo? ¿El año próximo? —negó convencido—. Lo dudo, porque si mis informaciones son correctas, para ese entonces nos habrán enviado de nuevo al sur, a patear las arenas de Atacama en busca de un camino por el que acceder al país de los *araucanos*.

—¡Los cielos no lo quieran!

—Basta con que lo quiera el Inca...

—No me asusta la guerra... —puntualizó Pusí Pachamú—. Ni el frío de las cumbres, ni el hambre de tres días, ni aun los abismos en que solemos perder a tantos hombres. Pero tan sólo de pensar en ese infierno en el que se te derriten hasta las ideas, me entran escalofríos. ¿En verdad es tan terrible como cuentan?

—¡Peor aún, querido amigo! ¡Peor aún! Aunque te garantizo que no es peor que estar sentado aquí viendo cómo el sagrado puente de Pallaca cuelga bajo nuestros pies. Cuando el viento arrecie lo destrozará golpeándolo contra las rocas.

—Podríamos intentar subirlo.

—¿Nosotros solos? —se asombró Rusti Cayambe—. ¿Tienes idea de cuánto debe pesar? Harían falta por lo menos cien hombres, fuertes y descansados, y aun así dudo que lo consiguieran... —Agitó la cabeza pesimista—. ¿Sabes una cosa? Empiezo a temer que cometí un grave error cuando di orden de perseguir a esos cerdos. Tal vez, de no sentirse acosados, no hubieran decidido cortar el puente.

—Lo hubieran hecho de todos modos.

—¿Estás seguro?

El otro asintió al tiempo que se ponía en pie fatigosamente.

—Lo estoy. Tiki Mancka sabe muy bien que necesita tiempo para reorganizar sus fuerzas, y con el puente intacto jamás podría dormir tranquilo. —Le revolvió cariñosamente la negra cabellera—. Y ahora intenta dormir tú —concluyó—. Hiciste lo correcto.

Una ráfaga de viento helado descendió del nevado picacho como el *chasqui* que anuncia la llegada de la diosa de la noche, e instantes después las tinieblas pintaron de un negro abominable las lisas paredes del impresionante acantilado.

Los hombres se arrebujaron en sus ponchos.

Mañana de sangre y muerte, una agotadora carrera, la emoción de ver cómo un puente sagrado se precipitaba al vacío, la decepción de la derrota, el hambre y ahora el frío bastaban y sobraban para convertir en polvo o en ceniza las más firmes voluntades, por lo que cerrar los ojos y confiar la mente al olvido del sueño era la única esperanza de salvación que quebaba si se pretendía sobrevivir a un día tan nefasto.

Pero el sueño tan sólo aceptaba acudir a saltos y trompicones.

Jugaba a ir y venir, como si en verdad se tratara de una hoja en manos del viento, puesto que la dura roca, el castañear de dientes, el tiritar del cuerpo y los estómagos vacíos nunca habían hecho buenas migas con el tranquilo descanso.

El alba iluminó un montón de piltrafas.

Tres hombres habían muerto.

Desangrados, de frío, de cansancio...; tal vez de desaliento. Tomar conciencia de que debían descender, de cara ahora al abismo, por un sendero estrecho y más resbaladizo aún por culpa del rocío que se había depositado sobre el musgo debió de pesar sobre el ánimo de los difuntos tanto o más que las abiertas heridas, la helada nocturna o la fatiga.

La sangrienta batalla de Aguas Rojas continuaba atesorando víctimas.

Rusti Cayambe abrió los ojos con la primera claridad, pero se limitó a permanecer muy quieto, recostado en el pilar del puente, aguardando a que el primer rayo de sol viniera a arrancarle el frío de los huesos.

Entumecido, sabía muy bien que sus piernas se negarían a sostenerle y por lo tanto se conformó con esperar mientras clavaba la vista en los altivos árboles de la orilla opuesta.

Una hora más tarde, cuando el violento sol de las alturas amenazó con abrasarlos —de modo que hasta el último músculo de su cuerpo pareciera haber recuperado la perdida elasticidad—, se irguió trabajosamente, y desanudando la hermosa bolsa de piel de alpaca que colgaba de su cinturón se la entregó a su lugarteniente.

—¡Repártela! —dijo—. ¡A todos!

—¿A todos? —se escandalizó Pusí Pachamú—. ¿Es que te has vuelto loco? Sabes muy bien que a la mayoría les está prohibido tocarla bajo pena de muerte.

—Yo asumo la responsabilidad.

—¿Y qué responsabilidad es ésa? —fue la agria pregunta de su subordinado—. ¿De qué les servirá cuando les corten la cabeza? Nadie tiene derecho a cometer semejante delito por más que su superior le incite a ello. ¡Así es la ley!

—¡Existe una excepción!

—¿Cuál?

—Un soldado está autorizado a mascar coca si su superior considera que la necesita a la hora de hacer un esfuerzo final que le conduzca a la victoria.

—Eso es muy cierto —admitió su interlocutor—. Pero aquí no existe ya esperanza alguna de victoria.

—¡Existe!

—¿Cómo?

—Cruzando ese abismo.

—¿Cruzando el abismo? —se asombró el otro—. ¿Acaso eres un cóndor? Contando con ayuda tardaríamos seis meses en reparar el puente.

—Tardaremos seis horas.

—La noche te ha congelado las ideas.

—No lo niego, pero nuestro padre el Sol me las ha vuelto a calentar, mostrándome el camino.

—¿Un camino en el aire?

—¡Exactamente!

—¿Y quién es capaz de construir un camino en el aire?

—Una araña.

—¿Una araña?

—Eso he dicho.

—¿Y qué tiene que ver una araña con todo esto?

—¡Mucho! ¿Te has fijado alguna vez en cómo tejen sus telas? —Ante la muda negativa, Rusti Cayambe añadió—: Yo sí... He visto cómo lanzan delgados hilos de una rama a otra a través del vacío, y cómo los entrecruzan reforzándolos pero permitiendo que tengan la elasticidad y el espacio justos para que el viento los agite sin destrozarlos...

—Entiendo... —admitió con aire de supremo cansancio su subordinado—. Pero está claro que ni somos arañas ni tenemos hilos con qué tejer.

El entusiasta capitán señaló hacia el acantilado que nacía bajo sus mismos pies.

—Aquí debajo cuelgan cientos de metros de buena *cabuya* que los mejores artesanos han trenzado a conciencia para conseguir maromas capaces de resistir el peso de un puente y veinte hombres. —Hizo un significativo gesto con las manos, obligándolas a girar en sentido contrario—. Destrenzándolas obtendremos delgadas cuerdas que arrojadas desde lo más alto de la montaña por nuestros

más fuertes lanceros alcanzarán los árboles de la otra orilla.
—Me voy haciendo una idea... —reconoció Pusí Pachamú, cuyo rostro comenzaba a animarse—. Disparando desde la cima, las lanzas surcarán el abismo sin dificultad y alguna acabará por clavarse en un árbol.
—¡Tú lo has dicho! Y en cuanto hayamos conseguido hacer blanco con tres lanzas, trenzaremos de nuevo desde aquí las *cabuyas* para obtener un cabo lo suficientemente resistente como para que me permita pasar al otro lado.
—Y con un hombre en la otra orilla el resto sería coser y cantar...
—«Tejer» y cantar, querido amigo —puntualizó su jefe—. «Tejer» y cantar.
—¿A qué esperamos entonces?
—A que repartas esa coca y mentalices a los hombres de que van a trabajar muy muy duro. Antes de que caiga la noche tenemos que estar ya al otro lado.

La simple visión de las verdes hojas prohibidas hizo brillar los fatigados ojos y levantó de inmediato los decaídos ánimos de la hambrienta tropa, especialmente cuando Pusí Pachamú puntualizó que al mascarlas no estaban desobedeciendo al Inca ni arriesgando la cabeza.

De lo que ahora se trataba era de aniquilar a los enemigos del Incario, y aquélla era una de las principales razones por las que Viracocha había otorgado a su pueblo el sagrado bien de la planta de coca.

Su consumo habitual se encontraba reservado al Emperador, sus familiares, algunos miembros de la nobleza, los sumos sacerdotes y los militares de alta graduación, por lo que al pueblo y la soldadesca les estaba rigurosamente vetado su uso, excepción hecha de graves enfermedades, grandes celebraciones, o muy contados casos de fuerza mayor.

Y acabar con Tiki Mancka podía considerarse, sin lugar a dudas, un evidente caso de «fuerza mayor».

El hambre, el desánimo y la fatiga dieron paso de inmediato a una febril actividad en la que unos se dejaban descolgar por el puente para cortar las *cabuyas* más delgadas, otros las destrenzaban y otros trepaban por el risco, y cuando todo estuvo dispuesto se inició la tarea de lanzar al otro lado del abismo lanzas a cuyo mango se habían unido las delgadas pero resistentes cuerdas.

Cuando se erraba el golpe, las armas se precipitaban al vacío, pero de inmediato eran recuperadas halando de los cabos para intentarlo una vez más con idéntico entusiasmo.

Al fin, tras más de medio centenar de lanzamientos, tres cuerdas quedaron firmemente asentadas en la otra orilla, por lo que comenzó en la plataforma una especie de cómica danza en la que varios soldados iban y venían entrecruzándose y agachándose a medida que trenzaban a través del cauce del río una nueva *cabuya* lo suficientemente resistente como para que un valiente se decidiera a colgarse de ella y salvar el abismo.

Rusti Cayambé reclamó de inmediato para sí tal privilegio, pero la mayor parte de sus hombres se opusieron, alegando que un capitán no debería correr semejante riesgo cuando se encontraba entre ellos un auténtico constructor de puentes, habituado casi desde que tenía uso de razón a tan peligrosos menesteres.

—Es mucho más agil que tú —le hizo notar Pusí Pachamú—. Ése era su oficio antes de que lo reclutaran, y si por desgracia ocurriera un accidente no estaríamos perdiendo al único oficial que puede conducirnos a la victoria.

—¡Pero la idea ha sido mía!

—Tuyas deben ser las ideas... —admitió el otro—. Y brillante ha sido ésta, nadie puede negarlo, pero admite que la sed de gloria y el amor propio no deben ser la razón que nos aleje de la victoria. Deja que cada cual cumpla con su trabajo.

—¿Y si se cae?

—Nació para matarse construyendo puentes y lo sabe, pero no permitirán los dioses que tal cosa ocurra en un momento como éste...

Su interlocutor dirigió una larga mirada a los hombres que aguardaban expectantes; comprendió que todos ellos compartían los sentimientos de su lugarteniente, y concluyó por aceptar de mala gana.

—¡De acuerdo! —dijo—. Que lo intente.

El elegido, un muchacho delgado y fibroso que se movía con la agilidad de un simio y parecía no tener la más mínima idea de lo que significaba el vértigo, sonrió como si le acabaran de hacer un magnífico regalo, y deslizándose por la pared de piedra se colgó boca arriba, cruzó los pies por encima de la maroma y comenzó a avanzar a través del abismo con la misma naturalidad con que podría estar paseando por un mercado del Cuzco.

Instantes después se encontraba al otro lado alzando alegremente los brazos en señal de triunfo.

Se preparó una especie de escala de cuerdas con peldaños distribuidos de tal forma que se pudieran alcanzar con un simple paso, se ató a la cuerda, y el arriesgado funambulista se limitó a tirar de ella para afianzarla al otro lado.

Uno tras otro, el resto de sus compañeros fueron cruzando con sumo cuidado, aunque uno de ellos se balanceó en exceso y se precipitó al vacío, pero lo cierto fue que faltaba aún bastante tiempo para que las primeras sombras de la noche se apoderaran del angosto cañón de Pallaca cuando ya la tropa descendía hacia el lejano valle con Rusti Cayambe a la cabeza.

Seguían hambrientos y la coca había dejado de surtir su efecto, pero avanzaban a buen ritmo, felices y animosos, puesto que presentían que la más brillante de las victorias se encontraba al alcance de su mano.

Los seguidores de Tiki Mancka dormían, convencidos de que se encontraban a salvo, y la mayor parte continuaron durmiendo por el resto de la eternidad, con la garganta abierta de lado a lado, visto que los hombres de Rusti Cayambe supieron deslizarse tan en silencio como la propia muerte, sin darles apenas tiempo a dejar escapar un lamento o encomendar su alma a los dioses.

El feroz montañés, saqueador, violador y asesino se despertó rodeado de enemigos, y en su rostro podía leerse tal expresión de desconcierto que no pudo por menos que hacer reír al bueno de Pusí Pachamú.

—No te esperabas esto, ¿verdad? —inquirió feliz como un chicuelo con un nuevo juguete—. Creías que tardaríamos meses en reparar el puente, ¿no es cierto? Veremos cómo suenan tus tripas cuando te conviertan en tambor.

El viaje de regreso fue largo, fatigoso y lento, pero plagado de momentos maravillosos, puesto que muy pronto se corrió la voz de que un grupo de héroes se dirigían al Cuzco empujando ante sí al monstruo que tanto daño había causado, y no quedó pueblo, ni fortín, ni caserío por humilde que fuera, que no extendiera alfombras de flores al paso del cortejo, cantando de alegría y agasajando al puñado de valientes que habían triunfado allí donde los más poderosos ejércitos jamás consiguieron la victoria.

La capital, extendida a todo lo largo y lo ancho del más hermoso valle que nadie pudiera imaginar, y en el punto exacto en que Manco Cápac y Mama Ocllo eligieron como «Ombligo del universo» se engalanó como tan sólo solía hacer cuando un Inca regresaba después de conquistar un nuevo reino, y tal fue el entusiasmo de la multitud, que desde que sobrepasaron la explanada de la fortaleza norte, los recién llegados fueron izados a hombros para ser conducidos de ese modo hasta las puertas del palacio imperial.

En su interior, acomodado en un enorme trono de oro cubierto de pieles de jaguar y rodeado por los nobles de la corte, el Inca aguardaba sonriente, y por primera vez en años hizo un gesto para indicar que quienes habían llevado a cabo tan prodigiosa hazaña no estaban obligados a arrastrarse hasta sus pies con la cabeza gacha y un saco sobre la espalda.

—Venid a mí como hombres libres y como hermanos, ya que habéis arriesgado vuestras vidas por mis hijos. Venid como elegidos de mi padre el Sol, resplandecientes, pues nada hay que más brille que la sonrisa de un héroe.

Un apagado murmullo recorrió de punta a punta la grandiosa estancia, puesto que nadie guardaba memoria de que un hijo del Sol en persona se hubiera mostrado nunca tan complacido ante la presencia de simples mortales sin sangre noble en las venas.

Cuando Rusti Cayambe avanzó empujando ante sí al maltrecho y demudado Tiki Mancka, el Emperador apenas dedicó una despectiva mirada al cautivo, para limitarse a ordenar:

—Que al amanecer sea despellejado vivo y convertido en *runantinya* para que todos aquellos que han sufrido por su causa puedan bailar al son de su música... ¡Lleváoslo!

En cuanto el aterrorizado montañés hubo desaparecido de su vista, se volvió a Rusti Cayambe y, cambiando el tono de su voz, señaló:

—Y a ti, valiente entre los valientes y astuto entre los astutos, te nombro general de mis ejércitos con mil hombres a tu mando.

Por primera y probablemente única vez en su vida, Rusti Cayambe advirtió que las rodillas le temblaban. Fue a decir algo, pero recordó de inmediato que nadie podía dirigirse directamente al Inca, por lo que permaneció muy quieto, como alelado, convencido de que el mundo comenzaría a girar locamente a su alrededor.

—¿Tienes algo que alegar? —inquirió al poco el sonriente hijo del Sol—. Habla sin miedo. Tienes mi permiso.
—¡Pero, señor...! —intentó protestar un adusto maestro de ceremonias.
—¡Olvida el protocolo! —fue la áspera respuesta—. Si este hombre no va a tener derecho a hablar, ¿quién más se atreverá a hacerlo? —Extendió la mano derecha con la palma hacia arriba para añadir con sorprendente dulzura—: ¡Habla! Di lo que quieras.

Rusti Cayambe dudó de nuevo, tragó saliva, dirigió una desconcertada ojeada a su alrededor y casi tartamudeando musitó:

—No soy noble, mi señor.
—Si generosa es tu alma, astuta tu mente y osado tu corazón, noble tiene que ser la sangre que corra por tus venas, aunque por lo visto ignoras quiénes fueron tus auténticos antepasados. De no ser así incluso los muros de este palacio se vendrían abajo... —El Inca lanzó una desafiante mirada a todos los presentes, y en tono que no admitía la más mínima réplica puntualizó—: Yo afirmo que tú, Rusti Cayambe, eres noble entre los nobles y general de mis ejércitos... —Hizo una corta pausa—. Y ahora dime qué símbolo escoges como insignia de tu estirpe para que luzca en tu tienda de campaña y tus hombres la exhiban en el escudo.

El interrogado meditó unos instantes, consciente de que era aquélla una elección harto delicada, pero consciente de igual modo de que no podía demorarse demasiado en dar su respuesta o corría el riesgo de aburrir a su señor, por lo que al fin replicó convencido:

—El saltamontes.
—¿El saltamontes? —repitió desconcertado el hijo del Sol, que de buena gana hubiera dejado escapar una sonora carcajada, lujo que sabía muy bien que no podía permitirse en público—. ¿Qué quieres decir con eso del saltamontes?
—Lo he dicho, mi señor. Tienes poderosos ejércitos cuyos símbolos suelen ser el jaguar, el puma, el cóndor, el oso, el zorro o incluso la anaconda.... Sus generales son magníficos estrategas y sus soldados fuertes y valerosos.

Sin embargo, a mi modo de ver resultan demasiado lentos y farragosos, ya que necesitan meses para conseguir acorralar al enemigo, obligándolo a presentar batalla...

—Eso es muy cierto.

—Sin embargo, oh, gran señor, nuestros principales enemigos son montañeses, *araucanos* o *aucas* que se mueven aprisa, dan un golpe y escapan, acosándonos como el tábano acosa a la alpaca. Son ladinos y traicioneros, fantasmas entre los riscos y la selva, y yo aspiro a crear un pequeño ejército que luche de igual manera, y caiga sobre ellos al igual que suele hacer el saltamontes, que llega de improviso y nadie sabe de dónde.

El Emperador tardó muchísimo tiempo en responder. Recostó la cabeza en el trono, contempló el techo y meditó largamente sobre cuanto acababa de escuchar, mientras un silencio sepulcral se adueñaba del recinto, puesto que ni uno solo de los presentes se atrevía ni tan siquiera a pestañear mientras el sagrado hijo del Sol estuviera consultando con sus antepasados.

Por último, cuando podría llegar a creerse que se había quedado dormido, volvió a clavar los oscuros y profundos ojos en el hombre que aguardaba con el corazón en un puño.

—Eres listo, general Saltamontes —sentenció—. Condenadamente listo, y son los hombres como tú los que engrandecen el Imperio. Me estás proponiendo crear un ejército de tábanos que luchen tal como luchan nuestros principales enemigos, y yo lo acepto.

Súbitamente se puso en pie dando por concluida la recepción, y sin pronunciar una palabra más desapareció por la pequeña puerta que se abría justo a espaldas del trono, seguido por el maestro de ceremonias y los diez gigantes de su guardia personal.

Por su parte, Rusti Cayambe parecía haberse convertido en estatua de sal, incapaz de asimilar que cuanto acababa de ocurrir respondiese a la realidad, y no se tratase del más loco de los sueños.

Sin saber exactamente cómo, en un abrir y cerrar de ojos había pasado de capitán plebeyo a noble general, señor de su propio ejército y sus propios símbolos, mil hombres a su mando y el más prometedor de los futuros por delante.

Fue Pusí Pachamú quien le devolvió al mundo real arrodillándose ante él para besarle la borla del cinturón en señal de respeto y acatamiento.

—¡Mis felicitaciones, glorioso general Saltamontes! —dijo—. Que los dioses te colmen de bendiciones.

—Ya me han colmado, mi buen amigo. Ya me han colmado —le replicó su jefe—. Pero álzate, que de ti no espero gestos de sumisión, sino el afecto y la fidelidad que siempre me has demostrado. Adonde quiera que yo vaya irás tú, puesto que siempre seguirás siendo mi segundo en el mando.

Allí mismo se vieron obligados a poner fin a la corta conversación, puesto que la mayor parte de los presentes acudía en tropel a felicitar al héroe del momento. La alta nobleza cuzqueña estaba unánimemente considerada una élite extremadamente exclusivista y cerrada, pero la palabra del Emperador se acataba como palabra de dios, y si algo o alguien alegraba el corazón del Inca —tal como tan evidente parecía ser el caso del nuevo general—, sus súbditos tenían la obligación de regocijarse con él.

A la mañana siguiente disfrutarían observando cómo un hábil verdugo despellejaba en vida a quien tanto daño les había causado y tanto terror les había obligado a acumular durante las más oscuras noches, y luego, mientras la carne viva y ensangrentada era pasto de las moscas y el reo agonizaba rugiendo de dolor, asistirían a la curiosa ceremonia de rellenar su piel con paja y lana para que se curtiese luego al sol, se tensara con fuerza y acabara por convertirse en *runantinya*, un reluciente y macabro tambor de forma humana que podrían hacer retumbar con el fin de alejar definitivamente sus temores.

¡Alabado fuera por tanto aquel que había hecho posible tamaña felicidad, y maldito fuera por siempre quien anidara en su ánimo la más leve sombra de dudas sobre su recién descubierta nobleza de sangre!

Justo era el premio, y justo aquel que lo había concedido.

Si el Inca así lo había decretado, así debía ser.

De su boca surgía la palabra de dios.

—¿En verdad te agrada que de ahora en adelante todos te llamen general Saltamontes?

Si hacía tan sólo unos instantes Rusti Cayambe acababa de llegar a la conclusión de que durante aquel prodigioso día había experimentado todas las emociones a que un hombre puede aspirar a lo largo de una intensa vida feliz y longeva, se equivocaba.

Lo más excitante estaba aún por llegar, puesto que quien había hecho tal pregunta con una voz autoritaria y profunda, pero a la vez divertida y desconcertantemente cálida, no era otra que la emblemática princesa Sangay Chimé.

Nieta de emperadores e hija de una princesa de origen costeño, respetada por su vasta cultura y adorada por su belleza, su generosidad y su muy peculiar sentido del humor, la inmensa mayoría de los cuzqueños no hubieran visto con malos ojos que, como último recurso, algún día pudiera llegar a convertirse en la madre del futuro Emperador, dado que la esposa del actual no parecía ser capaz de alumbrar un heredero.

No obstante, la ley estipulaba que el Inca tenía la obligación de engendrar al futuro hijo del Sol en el vientre de su hermana Alia, a la que, dicho sea de paso, amaba desesperadamente, ya que ésta era la única forma indiscutible que existía de que la sangre de los emperadores se mantuviese incontaminada a través de los siglos.

El Inca era dueño de tener cuantos hijos quisiera con otras esposas, concubinas, o amantes ocasionales, pero aquel que a su muerte ocupara su lugar en el trono tenía que ser obligatoriamente hijo de una de sus hermanas.

El Emperador, que no parecía ver más que por los ojos de su idolatrada «esposa-hermana», había demostrado siempre, no obstante, un profundo respeto y un sincero afecto por su prima, la princesa Sangay Chimé, con la que gustaba compartir largas veladas, ya que tenía fama de ser la muchacha más picarescamente divertida de la corte.

Por todo ello, sabiendo perfectamente quién era la persona que acababa de hacerle semejante pregunta, Rusti Cayambe pareció llegar a la conclusión de que aquel fantástico sueño se estaba alargando en exceso.

—¿Cómo has dicho? —acertó a mascullar entre dientes en un tono de voz casi inaudible.

—Te he preguntado si te agrada la idea de que te llamen general Saltamontes —repitió ella—. Aunque, por lo que veo, tan sencilla demanda te ha dejado de piedra... ¿Tanto te ha impresionado encontrarte cara a cara con el Emperador?

—Mucho, en efecto —admitió el interrogado—. Pero más me impresiona encararme contigo, puesto que desde niño sé que el Emperador existe y es el hijo del Sol, pero es en este mismo momento cuando acabo de descubrir que tú también existes y debes de ser, por el brillo de tus ojos, hija predilecta de la mismísima luna.

—¡Vaya! —pareció sorprenderse gratamente la muchacha—. Galante, además de astuto y valiente... ¿Acaso ocultas otros tesoros?

Rusti Cayambe asintió con un leve ademán de la cabeza:

—Ocultos están, pero no por su gusto, que son tesoros que de poco valen a no ser que se compartan.

—¡Extraña coincidencia! —Rió ella con malévola intención—. Algo semejante me ocurre cada vez más a menudo. ¿De qué vale tener lo que se tiene, si al contemplarlo, tan triste y solitario, es más la congoja que la alegría que ofrece?

—Remedio tiene.

—En efecto... Y fácil, si no se aspira a mucho.

—No es ése tu caso, que tienes derecho a aspirar a lo más alto.

—¿Y qué es, a tu modo de ver, lo más alto?

—¿Cómo puede saberlo quien apenas acaba de subir al primer peldaño de una escalera tan empinada y peligrosa como la del Huayna Picchu? —inquirió él—. Nunca sufrí de vértigo al borde de un abismo, pero ahora me invade al mirar hacia arriba.

—Tengo la impresión de que eres de los que pronto se acostumbran a las alturas. Si eres capaz de crear ese ejército de tábanos y proporcionar nuevas victorias al Incario, el Emperador pondrá sus ojos en ti, pues me consta que está ya un poco cansado de viejos generales que demandan en exceso soldados y prebendas sin devolver victorias a cambio.

—Aguas Rojas ha constituido una gran victoria.

—Inútil si tú no te hubieras empeñado en perseguir y capturar a Tiki Mancka. ¿De qué hubiera valido tanta sangre derramada? Al Inca no le gusta ver morir a sus amigos, pero tampoco a sus enemigos, puesto que según él esos enemigos no son más que futuros súbditos que se resisten a entrar en el redil. Muertos no engrandecen al Imperio, puesto que no sirven para tender un puente, construir un camino o recolectar una sola mazorca de maíz.

Se habían quedado solos, tal como suelen quedarse un hombre y una mujer interesados el uno por el otro, pese a que un millón de personas pululen a su alrededor.

Sin tan siquiera proponérselo habían levantado una especie de muro que los aislaba del resto de la gente; un muro que iba ganando en espesor y altura a medida que hablaban, que se miraban, y que sin necesidad de rozarse empezaban a comprender que sus pieles se buscaban.

El amor es un misterio con un millón de años de historia a sus espaldas, repetido a diario en cada rincón del mundo, pero no por ello menos desconocido y sorprendente, puesto que surge de improviso, sin razón aparente, se alimenta de sí mismo, crece y en ocasiones muere al igual que nació, sin razón válida alguna que sirva para aclarar por qué llegó o por qué se fue, qué cuna lo meció o en qué tumba se enterró.

Rusti Cayambe y la princesa Sangay comenzaron a amarse aquella misma tarde, y se amaron después durante años, se amaron en la vida y en la muerte, y al parecer aún continúan amándose tal como lo hacen los dos altivos volcanes que llevan sus nombres, y que jamás han cesado de adorarse.

La hermosa muchacha, que podía, en efecto, aspirar al hombre más poderoso del Imperio, con excepción del propio Inca, y a la que la tradición obligaba a elegir pareja antes de un año, puesto que ninguna mujer en edad de procrear tenía derecho a permanecer soltera y privar al Imperio del inapreciable bien de nuevos súbditos, eligió de inmediato a quien su corazón había elegido.

El general Saltamontes, que de igual modo se veía en la necesidad de buscar compañera, puesto que ni siquiera su nuevo rango le exculpaba de la obligación de traer hijos al mundo, apenas podía dar crédito a lo que le estaba sucediendo, pero lo aceptó sin tan siquiera un pestañeo puesto que se trataba del más hermoso presente que jamás hicieran los dioses a un triste mortal.

Pese a que era libre para tomar decisiones, la princesa solicitó días más tarde una audiencia privada con su mentor y amigo, el benévolo Emperador, al que con tanta frecuencia hacía reír.

—Vengo a ti humildemente, ¡oh, gran señor!, a solicitar permiso para unir mi vida a la de Rusti Cayambe.

—¿El general Saltamontes? —inquirió el otro divertido—. ¿Cómo es eso, pequeña? Tienes a los más poderosos nobles a tus pies, y te inclinas por un recién llegado cuyo futuro aún está por determinar?

—De ti aprendí que el corazón debe ser el primer mandatario de nuestras vidas, y admito que desde que le conocí es el corazón quien me lo exige.

—¿Lo has meditado bien?

—Lo intento, pero en cuanto cierro los ojos su imagen hace acto de presencia, ahuyentando, como el alba ahuyenta a las sombras, cualquier posibilidad de razonamiento.

—Entiendo lo que dices, puesto que sucede lo mismo con aquella a quien amo desde niño. A menudo me planteo que debería repudiarla y casarme con mi hermana Ima, que aún está en edad de darme una docena de hijos, pero tan sólo de pensar en rozarle un cabello, o en el dolor que causaría a mi esposa, se me nubla la mente.

—La reina entendería tus razones.

—Entender el sufrimiento nunca ha servido para mitigarlo, pequeña. Así es, y confío en que jamás se te presente la oportunidad de comprobarlo.

—¿Pero qué será de nosotros si llega un día en que tú nos faltas? ¿Quién será nuestro Inca?

—No lo sé, pequeña, aún no lo sé. Pero no te inquietes. Confío en vivir muchos años, y en que antes de regresar junto a mi padre el Sol, sangre de mi sangre quede para siempre entre vosotros... —Le acarició las mejillas con evidente afecto—. Pero ahora lo que importa eres tú. Sé de más de uno que va a sufrir un duro golpe cuando vea que ese desvergonzado lenguaraz te calza las blancas sandalias... ¿Porque quiero creer que serán blancas?

—Lo serán, mi señor, que también tú me enseñaste que quien aspira a una gran felicidad debe saber aceptar pequeños sacrificios. Mi esposo me tomará en sus brazos tal como tú me alzabas cuando aún no levantaba tres palmos del suelo.

—Me alegra oírlo, y más me alegra comprender que mis súbditos obedecen mis leyes y siguen mis consejos. Si algo nos diferencia de los salvajes que nos rodean y con frecuencia nos acosan, es el amor a Viracocha, nuestra dedicación al trabajo y el fiel acatamiento a los cuatro principios básicos: no matar, no mentir, no robar y no fornicar fuera del matrimonio.

—Esa maravillosa diferencia se la debemos a tus antepasados, que supieron inculcarnos el amor a las cosas hermosas y bien hechas.

—¡No, pequeña! —la contradijo el Emperador—. A quien se lo debemos todo es a Viracocha, que fue quien nos marcó las pautas de lo correcto o lo incorrecto. Mis antepasados tan sólo se preocuparon de hacer que se cumplieran para que todo esté a su gusto el día en que decida regresar.

—¿Y cuándo llegará ese día?

—¿Quién podría saberlo? Por el mar se fue y por el mar volverá, pero ese océano es tan grande que a veces temo que haya errado el camino.

—¿Qué existe más allá de esas aguas?

—¡Nada! Únicamente el palacio en que duerme mi padre el Sol, y al que sin duda acudió a descansar Viracocha. Las aguas son como las estrellas del firmamento: siempre existe otra más allá, y más allá, y más allá.

—¿Tan pequeños somos?

—De cuerpo únicamente, puesto que aunque nuestra mano no consiga rozar ni tan siquiera a la luna, nuestra mente es capaz de abarcar todas las estrellas del universo y todas las aguas del océano... —Le apretó la punta de la nariz con un gesto de suprema ternura—. Y ahora he de irme —añadió—. La reina me espera y la alegrará saber que serás muy feliz trayendo al mundo una pequeña nube de diminutos saltamontes.
—¿Quieres decir con eso que tengo tu bendición?
—¡Naturalmente, pequeña! ¡Naturalmente!

El Cuzco estalló de alegría y se decretaron tres días de fiesta, puesto que era la primera vez en la historia del Imperio que un héroe surgido del pueblo y una princesa de sangre decidían unir para siempre sus vidas.

El Inca, que con el tiempo y la experiencia había elevado a cotas harto notables su ya innato olfato político, se las ingenió para hacer comprender a los nobles más reacios a semejante unión que convenía a los intereses nacionales que los numerosos miembros del ejército, tan denostado con excesiva frecuencia, llegaran a la lógica conclusión de que cuando uno de ellos demostraba ser lo suficientemente valeroso, astuto y sacrificado, no sólo podía aspirar al generalato, sino incluso a entrar a formar parte de una élite entre cuyos innumerables privilegios estaba el de aspirar a la mano de una princesa y poder consumir cuando quisieran las verdes hojas de la planta sagrada.

—Podrían llegar a creer que son nuestros iguales... —argumentó visiblemente molesto el adusto maestro de ceremonias en cuanto se encontró a solas con su señor—. Y eso a la larga puede resultar peligroso.

—El auténtico peligro siempre llega de quienes se consideran demasiado diferentes —le hizo notar el Emperador—. Nadie destruye lo que puede llegar a convertirse en su sueño. Destruye sus pesadillas.

—Pero el día que se crean a nuestra altura pretenderán ocupar nuestro lugar. El ejemplo más cercano lo tenemos en Rusti Cayambe.

—Rusti Cayambe no está ocupando tu lugar, a no ser que aspires a dormir en el lecho de Sangay, o a combatir contra los *araucanos* en los desiertos de Atacama. —Sonrió malévolamene al añadir—: Y te advierto que ese lecho está ya ocupado, pero el mando del ejército del desierto aún sigue libre.

El maestro de ceremonias era lo sucientemente inteligente y conocía lo bastante a su señor como para llegar de inmediato a la conclusión de que no le quedaba más remedio que aceptar lo inevitable, por lo que las cosas le irían mucho mejor inclinándose del lado de la nueva pareja que enfrentándose a ella.

Al fin y al cabo resultaba preferible que el pueblo llano continuara opinando que el hecho de ser osado e inteligente se debía al hecho de tener sangre noble en las venas, a que llegaran a la conclusión de que se podía ser ambas cosas sin necesidad de haber nacido en alta cuna.

—Quizá deberíamos buscarle un linaje oculto a ese muchacho... —aventuró al fin.

—Eso está muy bien pensado —admitió el hijo del Sol—. Muy bien pensado... ¿Dónde ha nacido?

—A orillas del Urubamba, creo.

—¡Hermoso río en verdad! Bravío como ninguno, y si no recuerdo mal, un primo hermano de mi padre gobernó largos años en aquella provincia. —Sonrió una vez más—. Y era un hombre famoso por sus apasionados amoríos... ¡Tal vez...!

—Tal vez no... ¡Seguro!

—Nunca des por seguro el origen de la sangre que corre por las venas de un hombre —puntualizó el Emperador—. Salvo mi estirpe, a la que tanto esfuerzo ha costado mantener su pureza, ninguna otra puede alardear de conocer exactamente sus orígenes, y resulta muy conveniente que así sea puesto que ello te permite, en caso necesario, poner en duda sus auténticas raíces, al igual que estamos poniendo ahora en duda las de Rusti Cayambe... Tú, por ejemplo...

—¡Señor!...

—Lo sé, lo sé... ¡Tranquilo! Conocí a tu abuelo, y eres su viva imagen, pero recuerda que en ocasiones basta tan sólo una palabra para hacer bajar del más alto pedestal a quien se encumbra demasiado.

—Siempre se aprende algo a vuestro lado.

—Ésa ha sido siempre mi intención, pero no lo hago por ti, sino para que cuando yo falte repitas a mi hijo cuanto te enseñé, puesto que empiezo a sospechar que no alcanzaré a verle convertido en un hombre.

—Y cada día que pasa, la gravedad del problema se acentúa, mi señor.

—Lo sé, pero ¿qué puedo hacer?

—Aceptar como esposa a la princesa Ima.

—¿Repudiando a la reina? ¡Nunca!

—Pero estáis poniendo en juego el futuro del Imperio.

—¿De qué sirve un imperio si se pierde la fe? —fue la respuesta—. He consultado a mi padre, el Sol, que me ha revelado que pese a haber perdido los cuatro hijos que llevaba en las entrañas, la reina acabará por darme un heredero que se convertirá en el conquistador de las tierras del norte.

—¡Si vuestro padre lo ha dicho...!

—Lo ha dicho, y con voz muy clara.

Cuando el maestro de ceremonias se hubo marchado, el Emperador permaneció aún largo rato, recto e inmóvil en su trono, contemplando ausente el enorme disco de oro macizo que colgaba de la pared, y que representaba de un modo inequívoco a su supuesto padre, el Sol.

Se contaba que habían sido necesarios veinte hombres para elevar el pesado símbolo hasta donde se encontraba, y recordaba que de muy pequeño le gustaba sentarse a solas en mitad de la gigantesca sala del trono aguardando a que se dignara dirigirle la palabra, o a hacer el más mínimo gesto que le diera a entender que le estaba prestando algún tipo de atención.

Nunca lo consiguió.

Allí seguía, impasible, día tras día y año tras año, mientras él lo observaba hasta quedarse dormido o hasta que su hermana acudía en su busca.

Por aquel tiempo, Alia le cuidaba, le consolaba, le contaba hermosas historias y permanecía a su lado cuando las sombras de la noche se adueñaban del palacio.

Alia, cinco años mayor que él, sabía muy bien que aquel niño dulce y delicado, a veces tímido y a veces asustado, estaba destinado a ser el único varón que jamás conocería, puesto que así lo había establecido Viracocha el día que decidió iniciar la sagrada dinastía de los Incas.

Debido a ello, y plenamente consciente de sus obligaciones como futura reina, esposa y madre, se mentalizó desde el primer momento en el hecho de que su principal misión en este mundo se concentraba en la necesidad de amar a su hermano menor y conseguir que él la amara a su vez como esposa y como reina, y tan apasionada dedicación puso en su empeño, que casi desde que recordaba no concebían vivir el uno sin el otro.

Eran, a decir verdad, almas idénticas en cuerpos diferentes, puesto que la ininterrumpida convivencia los había conducido a reflejarse el uno en el otro hasta el punto de que con excesiva frecuencia ni tan siquiera necesitaban dirigirse la palabra para saber con total exactitud qué era lo que estaba pasando en esos momentos por sus mentes.

Nadie que no perteneciese a su raza y a su antiquísima dinastía podría entender el significado de un amor total que se había ido alimentando desde la misma cuna, y tal vez el hecho de que en este caso la mujer hubiera nacido antes acentuaba la intensidad de la relación, puesto que la dulce ternura con que asumió el papel de figura dominante de la pareja durante los primeros años fue dando paso a una no menos dulce sumisión cuando le llegó el turno de ser dominada y poseída.

El abominable concepto de incesto como pecado inexcusable perdía sus virulentas connotaciones al transformarse en una exigencia imprescindible a la hora de preservar una forma muy especial de entender la vida, y, debido a ello, ninguno de los dos hermanos tenía razones para sentirse culpable por el hecho de amar y desear a quien le habían exigido que amara y deseara desde el momento mismo de nacer.

Sus padres habían sido hermanos, sus abuelos habían sido hermanos, sus bisabuelos habían sido hermanos, y Manco Cápac y Mama Ocllo, fundadores de la estirpe en el comienzo de los tiempos, también habían sido hermanos.

El gran problema se centraba en que tal vez, a causa de tan insistente consanguinidad, parecían incapaces de engendrar hijos lo suficientemente fuertes como para arriesgarse a abandonar el tibio y cómodo vientre de su madre.

Y los años pasaban.

¡Oh, señor, con cuánta rapidez pasaban!

El amor seguía intacto, el fuego de la pasión no perdía fuerza, pero el tiempo, el más cruel y persistente enemigo de todo ser humano, seguía ganando su diaria batalla, inalterable y despiadado.

Los hijos no llegaban.

Y los años pasaban.

Ruegos y plegarias, sacerdotes y hechiceros, doctores y curanderos, ejercicios y pócimas... todo era bien recibido y aceptado con agradecimiento y humildad si ello contribuía a la creación de una nueva vida que alcanzara a ver la luz de su antepasado el Sol, pero una y otra vez el desaliento se adueñaba de quienes lo hubieran dado todo por culminar con éxito una labor iniciada con los primeros balbuceos.

Y los años pasaban.

Cada mañana, la reina se sumergía en un baño de sangre de diminutos conejillos capaces de multiplicarse como los fuegos del verano en la puna, y cada noche el Emperador se atiborraba de repugnantes bebedizos destinados a reforzar la calidad de sus simientes.

Pero el ansiado heredero continuaba sin llegar.

La esencia misma de una inmensa nación en continuo crecimiento giraba sobre un único eje que preconizaba que el origen de la dinastía reinante —columna vertebral de su curiosa y delicadísima estructura social— se remontaba al momento mismo en que el dios Sol hizo su aparición, derrotando a las tinieblas que se habían adueñado de la tierra.

Era por tanto indiscutible dogma de fe la afirmación de que la sangre de dicha dinastía provenía directamente del astro rey.

Si tan esencial piedra angular fallaba, el complejo edificio tan laboriosamente alzado se vendría abajo con estrépito.

En el Incario, leyes y costumbres avanzaban al unísono, dependían las unas de las otras como los bueyes de una yunta, y no existía una sola faceta de la actividad humana que no se encontrase establecida y reglamentada de antemano.

Existía un tiempo para sembrar, otro para cosechar, otro para construir caminos, otro para casarse, otro para engendrar hijos, otro para adorar a los dioses, otro para descansar y otro para ser enterrado.

Salvo en el último de los casos, que era en verdad el único que escapaba en cierto modo al control de las autoridades, cada hora del día y de la noche, en invierno y en verano, en la paz o en la guerra, se encontraba regida por una disposición inapelable que incluso puntualizaba en qué momentos se debía comer, y de qué tipo de alimentos debía estar compuesta cada comida dependiendo de la edad, el sexo o la labor que desempeñara cada individuo dentro de una rígida escala social.

Eso sí, tales alimentos jamás podían faltar, como jamás podía faltar ropa de abrigo, el techo bajo el que cobijarse, el aceite para las lámparas, la leche para los niños y las herramientas con las que labrar la tierra.

Si alguna vez alguno de los fieles súbditos del Inca se veía privado de lo más necesario, el funcionario directamente responsable sufría severísimos quebrantos.

Tampoco existía nada que recordase ni aun remotamente el concepto de dinero, puesto que no existía el concepto de propiedad privada, dado que el Emperador era, de forma indiscutible, el único dueño de todo.

Y ahora «el dueño de todo» aparecía hundido una vez más en su prodigioso trono, envidiando al más humilde de los pastores del helado Altiplano, que tras una larga jornada de frío y viento regresaba a su mísera choza a dormir acurrucado entre media docena de mocosos.

¡Hijos!

¿Por qué extraña razón su padre el Sol que tanto le había dado, le negaba no obstante lo que le concedía incluso a sus enemigos?

¿Por qué extraña razón las bestias que fornicaban empujadas tan sólo por un ciego instinto conseguían reproducirse sin medida, y sin embargo un amor tan profundo y sincero como el suyo no alcanzaba a dar frutos?

«Lo bueno tarda en llegar... —había asegurado mucho tiempo atrás una de las innumerables hechiceras a las que la reina había consultado—. El nuevo Inca se hará esperar, pero será el más grande entre los grandes, aquel cuyo recuerdo perdurará en la memoria de los hombres hasta que el Sol desaparezca del firmamento.»

Triste consuelo era ése para quien hubiera deseado ver crecer a su hijo para irle enseñando poco a poco cuanto había aprendido a su vez de su padre sobre el difícil arte de regir los destinos de un imperio.

Gobernar un vasto y abrupto territorio poblado por docenas de pueblos que con frecuencia ni siquiera hablaban la misma lengua no constituía en verdad un empeño nada fácil ni aun para un descendiente directo del dios Sol.

Conseguir que ni uno solo de sus súbditos se acostara nunca sin cenar, que no pasara frío allí donde las nieves eternas coronaban docenas de picachos, domeñar a las tribus rebeldes, castigar a los bandidos montañeses y procurar que cada hombre, cada mujer y cada niño cumpliese cada día con las tareas que les habían sido encomendadas, no era algo que se heredase con la sangre ni se mamase del pecho de la madre.

Había que aprenderlo.

Y el Inca, cada Inca, tenía que ser el único maestro.

¿A quién le explicaría cuándo había llegado el momento de ser cruel, cuándo el de ser benévolo, cuándo el de declarar la guerra o cuándo el de concertar la paz?

¿Quién más que un futuro Inca debería escuchar sus sabios consejos?

—¡Señor, señor! —sollozó apretando los dientes—. ¡Tú que alegras nuestras vidas desde que apareces en el horizonte, tú que cada día nos abandonas pero nos dejas con la esperanza de volver a verte al alba, tú que derrites los charcos helados y maduras las cosechas, derrite de una vez el hielo del vientre de mi esposa y madura las mieses que cada noche siembro en ella!

Poco después se alzó pesadamente, recorrió muy despacio las vacías estancias en las que jamás resonaba el llanto o la risa de un niño y fue a tomar asiento a los pies de la reina, que permanecía muy quieta observando el hermoso crepúsculo más allá de los techos de la inmensa ciudad.

—¿En qué piensas? —quiso saber.

—En Sangay... Ésta es su gran noche, y estoy rogando a los cielos para que responda sobradamente a todas sus expectativas. ¿Crees que ese estrafalario personaje sabrá hacerla feliz?

—Estoy seguro de ello. Y Rusti Cayambe no es en absoluto un personaje «estrafalario». Es uno de los hombres más inteligentes y valiosos que conozco; una esmeralda en bruto a la que confío en que Sangay sepa convertir en una auténtica joya.

—Mucho te ha impresionado.

—Mucho, en efecto. Mi padre me enseñó que quien no sabe calibrar al primer golpe de vista la valía de un hombre, mal sabrá calibrar la valía de un ejército. Rusti Cayambe posee una notable inteligencia y un claro sentido de la estrategia militar. Si a ello se le une que ha demostrado un valor a toda prueba, a nadie debe extrañar que le reconozca los méritos.

—Me preocupan las envidias.

—La envidia es un nefasto pecado que nuestro bisabuelo se preocupó de desterrar del Imperio.

—A veces intenta regresar.

—Lo sé, pero le impido el paso. Quien quiera ser tratado como he tratado a Rusti Cayambe, que se comporte como se ha comportado Rusti Cayambe.

—Me admira tu sentido de la justicia.

—A ti te lo debo, que aún recuerdo las hermosas historias que me contabas sobre hombres justos.

—¡Cuánto tiempo hace ya...!

—No tanto, que cada año a tu lado se me antoja un minuto.

—Cierro los ojos y me veo meciéndote en la cuna.

—Y yo cuando velo tu sueño recuerdo las canciones con que intentabas dormirme.

—¡Cuánto daría por mecer a tu hijo, cantándole aquellas mismas canciones!

—¡Lo harás! ¡Sé que lo harás!
—¿Cuándo?
—Pronto... Ten paciencia.
—Paciencia es el único fruto que no producen nuestros campos, y casi el único don que no son capaces de concederme los dioses —fue la cansada respuesta—. A menudo me siento aquí, a evocar la alegría que me invade cada vez que descubro que una nueva vida alienta en mis entrañas, y pese a saberme la reina del Incario no puedo evitar que una amarga angustia se apodere de mi ánimo, puesto que con gusto renunciaría a todo a cambio de saberme continuamente embarazada. —Le apretó una mano al tiempo que le miraba fijamente a los ojos—. Nací para ser madre —añadió—. Únicamente para convertirme en la madre de tus hijos... ¿Por qué se empeñan en negarme ese derecho? ¿Qué delito he cometido para que se me impida cumplir con mi destino?

—Tú no has cometido ningún delito —fue la firme respuesta—. Ninguno, y por lo tanto, yo te prometo que cumplirás tu destino. Te lo prometo como tu hermano, como tu esposo, como tu amante y como tu señor.

La primera vez que hizo el amor, la princesa Sangay Chimé concibió a la princesa Tunguragua, que con el tiempo acabaría siendo mucho más conocida por el diminutivo de Tungú, o por el cariñoso apelativo de Tórtola.

La espectacular ceremonia había resultado en verdad maravillosa e inolvidable, pero más maravillosa e inolvidable resultó luego una noche de bodas en la que se cumplieron las más fantasiosas expectativas de una joven pareja a la que el alba sorprendió convencida de que habían alcanzado las estrellas con la mano.

—Hace dos meses... —susurró Rusti Cayambe mientras atraía a su esposa contra su pecho— me encontraba hundido hasta las rodillas en el barro, convencido de que en cualquier momento una lanza me atravesaría de parte a parte, maldiciendo mi mala fortuna por el hecho de que estaba a punto de abandonar este mundo sin haber tenido ocasión de saber lo que significaba el amor de una mujer...

—Hace dos meses... —replicó ella mientras se acurrucaba bajo su brazo— aguardaba anhelante la llegada de un *chasqui* que trajera noticias de la gran batalla, puesto que si nuestros ejércitos caían derrotados nos veríamos obligados a huir sin saber hacia dónde, con lo que nunca tendría la oportunidad de encontrar al hombre que mi corazón llevaba tanto tiempo buscando...

—Podrías haberlo encontrado en cualquier parte... —le hizo notar su flamante esposo con una leve sonrisa.

—¡Imposible! —replicó la muchacha en idéntico tono—. Yo sabía que al hombre de mis sueños tan sólo podría encontrarlo en el palacio del Emperador y justo el día en que llegara empujando ante sí al principal enemigo de nuestra patria.

—¡Mentirosa!

—Es la verdad.... —insistió ella mordisqueándole el pecho—. Siempre tuve muy claro que acabaría casándome con el guerrero más valiente del reino. Por eso nunca quise elegir marido, y en cuanto te vi te reconocí. —Le hizo cosquillas—. ¡Fui directamente a por ti, y aquí te tengo!

—¿Pretendes hacerme creer que me tendiste una trampa?

—La más grande del mundo. Y la más resistente. —Le rodeó la cintura con los brazos y apretó con fuerza—. Te mantendré prisionero de ella hasta que seas muy muy viejo...

Hicieron nuevamente el amor y continuaron haciéndolo a todas horas porque eran jóvenes y apasionados, y porque el mundo parecía haber sido creado para ellos, para que fuesen felices en la prosperidad y la paz de un reino que había decidido no ampliar sus fronteras hasta que hubiera conseguido solucionar sus complicados problemas sucesorios.

A los pocos días de tomar posesión de su nuevo cargo, Rusti Cayambe estableció su cuartel general en la torre occidental de la fortaleza que protegía la ciudad por su entrada norte, para comenzar a elegir a sus hombres entre aquellos voluntarios que demostraban mayor espíritu de lucha y sacrificio.

Les obligaba a entrenarse de sol a sol, con calor o con frío, con lluvia o con nieve, por lo que poco a poco «Los Saltamontes» se fueron convirtiendo en un cuerpo de élite, duro y orgulloso de sí mismo, capaz de luchar con la misma eficacia en las altas cumbres que en la selva o los desiertos, puesto que para hacerlo asimilaban las tácticas de los propios nativos.

Al Emperador le agradaba acudir de tanto en tanto a comprobar los progresos de unos soldados decididos a dar la vida por él bajo cualquier circunstancia, pese a que le incomodara el hecho de que jamás vistieran uniforme.

—¡Parecen una pandilla de salteadores! —solía recriminarle a Rusti Cayambe—. Les falta estilo y marcialidad.

—Tienes medio millón de hombres «marciales» y con «estilo» que exhiben sus vistosos uniformes como la cacatúa luce sus plumas en la rama de un árbol, mi señor —solía responderle el general Saltamontes—. El topo más ciego no tendría problemas a la hora de distinguirlos en la distancia.

—¿Y eso qué tiene de malo?... —le respondía a su vez el otro—. El hecho de que se advierta de inmediato que son soldados del Inca aterroriza al enemigo.

—Excepto cuando no le aterroriza y le tiende una emboscada, mi señor —le refutaba invariablemente el joven general—. Yo no pretendo asustar a nadie para que salga huyendo y verme obligado a perseguirle durante semanas. Mi intención es destruirle lo más rápida y sigilosamente posible. Tú siempre aseguras que una buena sorpresa contrarresta una mala estrategia.

—Eso es muy cierto... ¡Pero es que tienen un aspecto! ¡Observa al que está subido en aquella roca! ¡Parece un pavo desplumado!

—Lo parece, en efecto, pero te garantizo que avanza por la selva sin mover una rama y es capaz de degollar a tres centinelas sin que cunda la alarma... Y ese otro puede pasarse todo un día enterrado en la arena del desierto como un escorpión al acecho de su presa.

—¡Te creo!... —admitió su señor—. Y me gustan, pero no los quiero ver desfilando junto al resto de mis tropas.

—Tampoco ellos pretenden hacerlo, mi señor. De hecho se niegan a perder el tiempo aprendiendo a desfilar.

El Inca no pudo por menos que agitar la cabeza al tiempo que dejaba entrever una amable sonrisa.

—Tienen razón los que aseguran que continúas siendo un atrevido deslenguado... Cuando te presentaste por primera vez ante mí debí haberte descuartizado por desobedecer mis órdenes y lanzarte en persecución de Tiki Mancka. En lugar de eso se me ocurrió la peregrina idea de ascenderte y permitir que te casaras con mi sobrina predilecta... Por cierto... ¿Cómo va su embarazo?

—¡Estupendamente, mi señor! Dentro de cuatro meses espero ser padre.

—¡Dichoso tú! ¡Y dichosa ella! Sabes bien que tanto la reina como yo la tenemos en gran estima, pero no creo conveniente que en su estado actual acuda a palacio...

—Lo entiendo, mi señor.

—La evidencia de su próxima maternidad haría aún más infeliz a mi esposa.

—Espero que pronto pueda verse igual.

—Yo también lo espero, aunque es tal el terror que la invade ante la sola idea de volver a abortar, que en cuanto se queda embarazada se pasa los días temblando y las noches en blanco.

—Resulta comprensible, si tan amargas han sido sus anteriores experiencias.

—¡Muy amargas, en verdad! ¡Mucho! Y a menudo me pregunto cómo es posible que un hecho tan natural pueda llegar a convertirse en un problema de tan difícil solución.

—¿Qué opinan sobre ello los *hampi-camayocs*?

—¿Y qué quieres que opinen? No son más que una pandilla de farsantes, y a veces creo que haría bien en expulsar del reino a todos los médicos, adivinos y hechiceros que embaucan al pueblo con sus malas artes. Si son incapaces de contribuir a crear una vida, ¿cómo esperamos que sean capaces de impedir una muerte?

Esa noche, al escuchar de labios de su esposo el relato de la entrevista, la princesa, Sangay Chimé, pareció perder el apetito, y con un leve gesto hizo que los sirvientes se llevaran su plato y los dejaran a solas.

—¡Me duele tanto el dolor de nuestro Emperador! —musitó sinceramente afectada—. Casi desde que tengo uso de razón le veo sufrir por esa única causa, hasta el punto de que he llegado a preguntarme si lo que en verdad le obsesiona es la necesidad de traer al mundo a un heredero al trono, o la felicidad de la reina.

—Quiero creer que ambas cosas van unidas.

—¡Desde luego! —reconoció ella de inmediato—. Van unidas, pero ¿cuál es la prioritaria?

—¿Y qué importancia tiene?

—A mi modo de ver mucha, porque de ello depende que se sienta antes Inca que hombre, o esposo que Emperador.

Tú qué crees que prevalece... ¿la razón de Estado o la razón sentimental?

—Qué pregunta tan absurda... —protestó Rusti Cayambe un tanto incómodo, puesto que nunca había sido partidario de semejante tipo de disquisiciones, en especial cuando se referían a un semidiós al que amaba y respetaba—. Estamos esperando un hijo y no se me ocurre plantearme lo que significa como posible heredero, o lo que significa con respecto a ti. Será nuestro hijo, nos unirá aún más, lo querremos, le daremos hermanos, y con eso basta.

—Esa respuesta no me vale, puesto que no está hecha desde el punto de vista del Emperador.

—¿Y cómo quieres que adivine cuál es el punto de vista del Emperador? —se lamentó el pobre hombre—. A menudo ni siquiera sé cuál es tu punto de vista, y no eres más que una princesa... Él es hijo de dios, y por lo tanto ni por lo más remoto puedo ponerme en su lugar.

—¿De verdad lo crees?

—¿Qué?

—¿Que es hijo de dios?

—¡Naturalmente!

—¿Estás seguro?

—¡Por completo! ¿Acaso tú no?

Sangay Chimé se tomó unos instantes para reflexionar, se acarició con gesto de profundo amor el abultado vientre y por último replicó:

—Le conozco tan a fondo, que en ocasiones me asaltan las dudas... ¿Cómo un dios puede cometer semejantes errores y tener debilidades tan humanas? Sin embargo... —añadió— de igual modo no consigo evitar preguntarme de qué forma un simple ser humano podría llegar a ser tan superior a cuantos le rodean si no tuviera un origen divino.

—Puede que sea mitad hombre y mitad dios.

—O que tan sólo sea un hombre extraordinario.

—Eso suena a herejía y sabes mejor que yo que la herejía está castigada con la muerte.

—Ésa es una regla que únicamente afecta al pueblo llano —le recordó ella—. Los miembros de la familia real tenemos el privilegio de expresar ciertas dudas dentro del recinto de nuestra casa, y siempre que no lo hagamos en presencia de los criados. —Sonrió irónicamente—. Lo que ocurre es que precisamente somos los miembros de la familia real los menos interesados en expresar cualquier tipo de dudas sobre el origen de nuestra sangre.

—¡Lógico!

—¡Y tan lógico!... Pero eres mi esposo y pretendo que no existan malentendidos entre nosotros... Puedes estar seguro de que daría a gusto mi vida por el Emperador, pero no estoy segura de si la daría por el hijo del Sol.

Rusti Cayambe permaneció con su copa en alto, sin decidirse a beber, y realmente confuso puesto que tenía la impresión de que acababan de propinarle una inesperada patada a sus convicciones.

—¿Y cuál es la diferencia? —balbuceó al fin.

—Son muchas y muy significativas... —fue la convencida respuesta—. Hace tiempo llegué a la conclusión de que existen tres hombres diferentes pese a que habiten un mismo cuerpo: el inteligente y comprensivo Emperador, el tierno y desesperado esposo de la reina Alia y el intransigente y despiadado hijo del Sol. Tú has conocido a los dos primeros, pero aún no has tenido ocasión de conocer al tercero. —Agitó la cabeza con gesto pesimista—. Y confío, por nuestro bien, que nunca te veas en la necesidad de hacerlo.

—¿Tan malo es?

—Peor aún.

—¿En qué sentido?

—En todos.

—¡Si no me dices más...! —se impacientó el general Saltamontes—. Puedo entender que exista una notable diferencia entre el hombre público que se ve obligado a gobernar un gigantesco imperio y el hombre enamorado y deseoso de tener descendencia, pero si no me lo explicas mejor, jamás conseguiré entender quién es ese otro al que según tú no conozco.

—Ya te lo he dicho: es el hijo del Sol; el único descendiente directo de Dios sobre la tierra, y cuya principal misión no es la de ser un buen o mal Inca, conquistador o pacificador, dulce o violento, sino la de convertirse en otro eslabón de una cadena dinástica que comenzó con Viracocha y concluirá cuando ese mismo Viracocha regrese y se apodere del último eslabón uniéndolo al primero para completar el círculo de la creación... ¿Empiezas a entenderlo?

—Más o menos.

—En ese caso dime... ¿de qué sirve una cadena si uno de sus eslabones se quiebra?

—De nada, naturalmente.

—Pues ahí es donde aflora el auténtico hijo del Sol. Le atormenta comprender que está fallando en la esencia de su razón de ser, que no es otra que perpetuar la especie conservando la sangre de los Incas tan pura como la recibió. El resto no es más que anécdota para la historia. Hemos tenido Incas pacíficos, conquistadores, justos, crueles, sanguinarios e incluso afeminados... ¿Y a quién le importa?... Lo que en verdad importa es tener un auténtico hijo del Sol sentado en el trono para que todo siga igual hasta el fin de los siglos.

—Nunca se me había ocurrido verlo de ese modo.

—Porque pertenecías al pueblo llano, querido. —La princesa Sangay Chimé extendió la mano para posarla cariñosamente sobre los muslos de su esposo—. Pero ahora has pasado a formar parte de una casta superior, y ello trae aparejado no sólo notables privilegios, sino también pequeñas obligaciones.

—Y la primera de dichas obligaciones debe de ser la de procurar no perder dichos privilegios... —puntualizó él con marcada intención.

—¡Sin la más mínima duda!

—Me lo temía.

—¡Así son las cosas! —Una tranquilizadora sonrisa iluminó como un rayo de sol el hermoso rostro de la muchacha—. Pero no te entristezcas... —añadió—. Que sean así no sólo es bueno para nuestra casta, sino sobre todo para las castas inferiores... —Le apuntó levemente con el dedo—. Tú lo puedes entender porque has visto cómo viven los salvajes más allá de nuestras fronteras... Violan, roban, esclavizan y se matan entre sí. Son apenas poco más que alimañas de la selva sin el más mínimo sentido de la responsabilidad, que no piensan más que en emborracharse, mascar coca o fornicar...

—En eso tienes razón.

—¡Ya sé que la tengo! Y tambien sé que hasta que Viracocha llegó, instauró nuestra cultura, y ordenó a Manco Cápac y Mama Ocllo que construyeran la sagrada ciudad del Cuzco, también nosotros nos comportábamos de un modo semejante... De hecho, mi familia materna no es mucho mejor...

—Nunca me hablas de ella.

—Hay poco que decir. Son seres primitivos, a un millón de años de distancia de la inteligencia o la sensibilidad del Inca. Una vez fui a visitarlos, y fue como descender a los infiernos. Hace cientos de años el suyo debió de ser un pueblo culto y poderoso, pero un buen día el populacho se alzó contra sus líderes, permitiendo que imperase la anarquía, por lo que han acabado por vivir como cerdos.

—Ya he advertido que para ti el sentido del «orden» resulta esencial.

—Me agrada el orden, en efecto, pero ello no está reñido con la tolerancia. Ni tampoco significa que por mantener ese orden acepte a pies juntillas que el Emperador desciende en línea directa del Sol. «Convendría que así fuera...» —matizó—. Pero que lo sea o no carece de importancia.

—¿Qué pretendes decir con eso de que «carece de importancia» que sea o no hijo del Sol?

—Que a mi modo de entender las cosas, resultaría siempre preferible que no lo fuera pero que el pueblo así lo creyera, a que sí lo fuera pero que el pueblo no lo aceptara.

—Eso se me antoja muy retorcido... —se lamentó de nuevo Rusti Cayambe, que cada vez parecía más confuso.

—Puede que lo sea —admitió ella—. Pero debes empezar a darte cuenta de que para que una minoría se mantenga en la cúspide del poder durante siglos, a veces resulta imprescindible comportarse de una forma «retorcida»... —Hizo un leve gesto hacia el exterior—. Ahí fuera duermen millones de hombres y mujeres que han cenado lo justo y cuentan con el calor imprescindible para no congelarse. Todos ellos quisieran estar ahora aquí, pero en ese caso ninguno de ellos saldría realmente beneficiado, puesto que el reparto no alcanzaría para proporcionarle bienestar a todos. Te han ofrecido una oportunidad única porque te la has merecido, y lo que ahora pretendo es enseñarte las reglas del juego.

—No sé si me gusta ese juego... —le hizo notar su esposo.

—Te gustará cuando nazcan nuestros hijos y no los obliguen a trabajar de sol a sol, patrullar por el desierto o despeñarse construyendo puentes. Tú y yo desapareceremos, pero generaciones que llevarán nuestra sangre se sentirán felices por haber nacido en un palacio del Cuzco y no en una choza de la puna.

A Rusti Cayambe, que no había nacido en una choza de la puna, pero sí en una humilde aldea a orillas del tumultuoso Urubamba, le resultaba no obstante harto difícil acostumbrarse a ver el mundo desde la perspectiva de la mujer con la que se había casado.

Criado como cualquier otro niño del Imperio, se había hecho hombre convencido de que el Inca era el indiscutible hijo del Sol, y que las leyes y las costumbres se regían por unas normas comparables a las que regían el movimiento de los astros, ya que nadie pondría nunca en duda que la luna crecía o menguaba en el cielo, que a la primavera le seguiría el verano, o que la lluvia hacía crecer el maíz.

Nadie debía poner tampoco en duda que el Inca era dios, sus parientes seres casi divinos, y que cuando los astrólogos hacían sus predicciones éstas se cumplirían de modo indefectible.

Los generales sabían ganar batallas y los *hampi-camayocs* curar a los enfermos.

Todo estaba en su lugar y él sabía perfectamente qué lugar ocupaba en ese todo.

Pero ahora las cosas habían cambiado.

¡Y cómo habían cambiado!

A menudo se despertaba en mitad de la noche, comprobaba que aquella maravillosa criatura dormía realmente a su lado, observaba cómo una tímida lámpara de aceite perfumado brillaba en un rincón de la cálida estancia, palpaba la manta de finísima lana de alpaca sobre la que descansaba y le asaltaba la extraña sensación de que no era Rusti Cayambe el que se encontraba allí, sino un ser desconocido cuyas idas y venidas observaba sentado en el borde mismo de la luna.

Un pez fuera del agua o una cotorra en las profundidades del océano no se hubieran sentido tan desplazados como él se sentía cuando la inteligente princesa le guiaba a través de un laberinto de nuevas ideas que ni siquiera había imaginado que existieran.

Para Rusti Cayambe, el Inca siempre había sido el Inca, pero ahora Sangay aseguraba que en ese único cuerpo habitaban tres seres diferentes y que dos de ellos resultaban ser sorprendentemente humanos.

¿Cómo asimilarlo?

Era como haber sido trasladado a un mundo en el que las rocas se convertían en barro, los ríos corrían montaña arriba o la nieve calentaba.

Descubrir que las leyes no eran iguales para todos, y que se las podía moldear por el mero hecho de tener una determinada sangre en las venas le sumía en el desconcierto, pero lo que sin duda más contribuía a confundirle era aquel sutil manejo de ideas y palabras de que solían hacer gala los nobles de la corte.

Era como si únicamente vivieran en la hora del crepúsculo, cuando el blanco no es blanco, ni el negro negro, y cuando hasta los colores del cielo, las montañas o las nubes varían de un instante al siguiente, y cada cual los interpreta a su manera.

En ocasiones echaba de menos los viejos tiempos en los que el blanco era blanco y el negro negro, pero si quería ser absolutamente sincero consigo mismo se veía obligado a admitir que le alegraba el alma saber que su hijo no sería un vulgar «destripaterrones», un pastor de llamas, o un *chasqui* correcaminos.

La princesa Sangay Chimé se encontraba ya en su sexto mes de embarazo cuando su flamante esposo, el joven general Saltamontes, se vio obligado a alejarse de la capital con el fin de perseguir y castigar a un grupo de *urus* del Titicaca que habían asesinado al *curaca* que los había apremiado en exceso a la hora de reclamar el «impuesto de las pulgas».

Los *urus*, que junto a los *aymará* poblaban las orillas del gigantesco lago, eran tan increíblemente indolentes que se negaban a efectuar ningún tipo de trabajo, malviviendo de lo poco que pescaban sin apenas moverse de las puertas de sus míseras chozas de juncos, y permitiendo que la suciedad y, sobre todo, unas enormes pulgas que proliferaban por millones los devoraran.

A tal extremo había llegado su desidia, que los recaudadores imperiales los obligaban a entregar cada mes un canuto de caña repleto de esas pulgas, puesto que ésta parecía ser la única forma que existía de obligarlos a librarse de tan molestos parásitos.

Justo era admitir que en esta ocasión el *curaca* se había extralimitado en sus funciones, pero las leyes establecían que en tales casos se debía acudir en primer lugar al arbitrio del gobernador de la provincia, sin que estuviera permitido, bajo ningún concepto, la libertad de tomarse la justicia por su mano.

A la vista de ello, Rusti Cayambe agradeció en cierto modo la oportunidad que se le brindaba de volver a la vida activa, alejándose durante un corto período de tiempo de las intrigas de la corte y, sobre todo, de aquel marasmo de ideas nuevas que amenazaban con hacer que la cabeza le estallara.

Al propio tiempo deseaba aprovechar la ocasión para comprobar hasta qué punto el entrenamiento a que había sometido a sus hombres surtía el efecto deseado.

Eran unos magníficos soldados, de eso no le cupo la más mínima duda. Rápidos, incansables, disciplinados y silenciosos, asaltaron la diminuta isla en que se habían hecho fuerte los rebeldes con la misma facilidad con que hubieran abofeteado a una pandilla de mozalbetes, y regresaron cantando alegremente mientras pateaban despreocupadamente las cabezas de sus desgraciados enemigos.

Concluida la misión, el general Saltamontes, que por más que se lo propusiera no podía olvidar que era hijo de humildes labradores, decidió quedarse unos días en las cercanías del lago con la intención de estudiar la curiosa forma que tenían los *aymará* de obtener durante casi todo el año magníficas cosechas sin que las heladas nocturnas les destrozaran los cultivos.

Con infinita paciencia y siglos de duro esfuerzo, los *aymará* habían preparado sus campos de tal forma que anchas acequias de poco más de un metro de profundidad, y que se abastecían del agua del Titicaca, bordeaban cada parcela de tierra fértil, que se convertía en una especie de cuadrada isla de no más de cincuenta pasos de largo por cada lado.

De ese modo conseguían que allí, a casi cuatro mil metros de altitud sobre el nivel del mar y con un sol ecuatorial cayendo a plomo, el agua de las acequias se calentara lo suficiente durante el día como para que la temperatura se mantuviese estable hasta el amanecer.

Se hacía necesario, desde luego, un cielo tan límpido como el del Altiplano andino, donde las nevadas cumbres de la cordillera se vislumbraban muy a lo lejos, y se hacía necesario, de igual modo, aquel sol inclemente y vertical que abrasaba durante más de ocho horas seguidas, condiciones que no acostumbraban a darse en casi ningún otro lugar del Imperio, pero gracias a ello los antepasados de los *aymará* habían llegado mucho tiempo atrás a la conclusión de que de aquella inteligente forma evitaban que se les arruinaran las cosechas.

No obstante, los auténticos orígenes de tales acequias —anteriores sin duda a la llegada de los *aymará*— los pudo descubrir Rusti Cayambe mientras recorría lo poco que quedaba de la antaño poderosa fortaleza de Tihuanaco, restos de una vieja civilización venida a menos.

Sentado allí, en mitad del desolado Altiplano, observó largamente los extraños grabados de una enorme puerta de piedra que aún se mantenía en pie desafiando al viento, y en cuya parte alta se podía distinguir con total nitidez un friso tallado a cincel en el que abundaban las figuras de animales entre los que sobresalían varios pumas, y en cuyo centro una imagen del sol parecía dominar el paisaje circundante.

A poca distancia se distinguían las ruinas de Calasasaya o de las Piedras Erguidas, una asombrosa sucesión de monolitos tallados en arenisca roja que aparecían perfectamente alineados, como si de un ejército de cíclopes se tratase, y que en un tiempo muy lejano debió de hacer las veces de templo, o tal vez de observatorio astronómico.

Se vislumbraba también en la distancia una inmensa pared de piedra sostenida por bloques que probablemente cien hombres no hubieran conseguido arrastrar, y todo ello le obligaba a pensar en las viejas leyendas que aseguraban que en el inicio de los tiempos aquella región estuvo poblada por gigantes de más de dos metros de altura que desaparecieron tragados por las aguas de un catastrófico diluvio.

Le vino a la mente la vieja cantinela que su padre recitaba una y otra vez durante las noches de persistentes lluvias allá en el Urubamba:

—*Y fue en el Titicaca donde Viracocha, supremo hacedor, dio por terminada la primera creación del mundo, por lo que, concluida su tarea, recomendó a los hombres que cultivaran la tierra, se amaran entre sí, obedecieran sus leyes y fueran prudentes con sus actos.*

»*Sin embargo, pronto los humanos se volvieron crueles, salvajes, perezosos y pecadores, hasta el punto de que Vira-*

cocha los maldijo lanzando sobre ellos todos los males y enviando por fin las grandes aguas que cayeron durante setenta días y setenta noches, y de las que tan sólo se salvaron sus siervos más fieles.

»Regresó más tarde Viracocha, y ayudado por aquellos justos procedió a la nueva creación del mundo, la segunda, y en esta ocasión decidió dotarlo de una luz resplandeciente, y allí mismo, en la isla también llamada Titicaca, ordenó que hiciese cada mañana su aparición el primer rayo de un sol que sería el encargado de engendrar vida y vigilar a los hombres.

»Hecho eso, envió a sus fieles a dominar la tierra.

Rusti Cayambe llegó a la conclusión de que tal vez, algún día, siglos más tarde, alguien se sentaría de igual modo a contemplar las ruinas del Cuzco, preguntándose qué había sido de los hombres que la construyeron, y qué tristes restos quedaban de su cultura.

Y probablemente tan trágico fin se encontrase mucho más cercano de lo que imaginaba, porque si el hijo del Sol no conseguía continuar su estirpe, y ningún Inca de pura sangre volvía a sentarse en el trono de oro y esmeraldas, faltaría el único vínculo que mantenía unido a un reino tan heterogéneo, con lo que en muy corto espacio de tiempo el Imperio pasaría a convertirse en un triste recuerdo.

A semejanza del resto de los seres vivientes, su nación necesitaba crecer manteniéndose unida, puesto que en cuanto frenara su expansión o se desmembrara, iniciaría un inexorable declive hacia la muerte.

También necesitaba una columna vertebral firme y flexible, puesto que, sin ella, la más pequeña carga acabaría aplastándola.

Un inconcebible diluvio parecía haber sido el culpable del espantoso fin de los gigantes que levantaron Tihuanaco, pero, a su modo de ver, mucho más triste sería que el fin del pueblo que construyó una ciudad tan maravillosa como el Cuzco se debiera a que una pobre mujer no había sido capaz de engendrar un hijo.

—¡Yo podría hacerlo!... —insistía en aquellos mismos momentos la princesa Ima aferrando con fuerza las manos de la princesa Sangay Chimé, que se encontraba sentada en un banco de piedra oculto en un rincón del frondoso jardín de uno de los más espléndidos palacios de la luminosa capital del Incario—. Sé que podría darle al Emperador todos los hijos que anhela, hombres y mujeres que harían perdurar nuestra estirpe, pero no quiero continuar esperando a que mi vientre se quede tan seco y estéril como el de mi hermana.

—La reina Alia ha demostrado sobradamente que no es estéril... —fue la serena respuesta no exenta de un leve tono recriminatorio—. Y tampoco creo que su vientre se haya secado. Aún tiene tiempo para...

—¿Tiempo?... —la interrumpió con cierta brusquedad su interlocutora—. ¿Y quién piensa en mi tiempo? Hace tres años que, según la ley, debería haberme casado, y sin embargo aquí me tienes, ¡virgen, impoluta e intocable!, siempre a la espera de ver lo que ocurre con mi hermana... ¿Hasta cuándo?

Sangay Chimé observó en silencio a aquella infeliz criatura triste y amargada, ni alta ni baja, ni joven ni vieja, ni guapa ni fea, ni atractiva ni repelente, ni estúpida ni brillante, cuyo único mérito parecía limitarse a ser hermana del Emperador, lo que, paradójicamente, se convertía al propio tiempo en su peor desgracia.

La conocía desde que eran niñas, se habían criado juntas, y aunque nunca había conseguido experimentar por ella un afecto semejante al que sentía por sus hermanos, la apreciaba, y comprendía mejor que nadie la magnitud y el origen de sus problemas.

La suya había sido una corta familia compuesta básicamente por tres hijos del Sol, de los cuales dos brillaban con luz propia iluminándose a su vez el uno al otro, mientras que el tercero se hundía cada vez más en las tinieblas.

Cuando la princesa Ima vino al mundo, su madre murió, y ya sus hermanos se adoraban, por lo que no la necesitaban en absoluto.

No es que fuera un estorbo; es que no aportaba nada nuevo a sus vidas, y no tenía por tanto razón de ser, puesto que siempre se ha sabido que una auténtica pareja se basta a sí misma cualquiera que sea el lugar en que haya nacido o las circunstancias en que se encuentre inmersa.

El mundo afectivo de sus hermanos le estaba vedado, y su padre había sido un hombre excesivamente severo que se pasaba la mayor parte del tiempo en lejanas guerras o en interminables ceremonias que le impedían dedicarle a la triste mocosa el tiempo y el afecto que estaba necesitando.

El resultado lógico fue que la princesa Ima se crió entre una pléyade de sumisos esclavos y ladinos sirvientes que le consentían todos los caprichos, pero que nunca le ofrecieron ni un ápice de cariño, hasta el punto de que se podía asegurar que no existía a todo lo largo y lo ancho del Imperio una criatura más solitaria y desgraciada.

El tiempo no parecía haber mejorado las cosas.

Su padre había muerto y sus hermanos habían subido al trono convertidos en el matrimonio más perfecto y feliz que cupiera imaginar, por lo que la hasta entonces mustia adolescente se limitó a vagar por el palacio real como una sombra silenciosa que no tuviera en absoluto claro hacia dónde debería encaminar sus pasos.

Excluida de todo, pronto llegó a la conclusión de que estaba destinada a convertirse en pieza de repuesto que tal vez alguna noche calentaría el lecho de su hermano, pero que jamás aspiraría a despertar en su corazón la más tibia de las pasiones.

Y los años pasaban.

¡Señor, con cuánta celeridad pasaban!

Su hermana malogró uno tras otro los cuatro hijos que había concebido, y a ella le llegó el momento de aspirar a una familia propia y al cariño del que siempre había carecido, pero la «razón de Estado» aconsejaba que se la mantuviera intacta por si algún día se llegaba a la dolorosa conclusión de que, efectivamente, la reina Alia nunca conseguiría proporcionar un heredero al trono.

—¿Y yo qué puedo decirte? —inquirió al cabo de un largo rato la comprensiva Sangay Chimé encogiéndose de hombros—. Entiendo tus razones y soy la primera en admitir que tienes todo el derecho del mundo a exigir que se te permita vivir tu propia vida, pero al mismo tiempo debes reflexionar sobre el hecho de que te has convertido en la última esperanza de millones de seres humanos. Tal vez tu verdadero destino sea el de convertirte en la madre del próximo Emperador.

—¿Madre? —se escandalizó la infeliz muchacha—. ¿De qué clase de madre hablas? Mi papel se limitará a permitir que un hombre que ni siquiera repara en mi presencia me posea mientras se hace la ilusión de que está poseyendo a mi hermana. ¿Crees que podré sentir algo por un hijo concebido de tan triste manera?

—Siempre será tu hijo. Y siempre será el futuro Emperador.

—Mi abuelo fue Emperador, y tan sólo lo vi una vez en mi vida. Mi padre fue Emperador, y apenas me dirigía la palabra. Mi hermano es Emperador, y a menudo tengo la impresión de que ni siquiera sabe que existo... ¿Crees que realmente me hace feliz la idea de tener un hijo Emperador que de igual modo me ignore?

—No. Supongo que no.

—Lo que me hace feliz es la idea de tener «mis propios hijos» aunque no lleguen a ser más que pastores —fue la áspera respuesta—. Ansío encontrar a un hombre que me quiera por mí misma y con el que pueda fundar una familia pese a que no durmamos sobre mantas de lana de vicuña, porque lo que me importa no es dónde duermo, sino con quién. Y hasta ahora siempre he dormido sola.

—Entiendo... ¿Qué quieres que haga por ti?

—Que hables con mi hermano. Sé que te aprecia, te escucha y te respeta... —El tono era ahora abiertamente suplicante—. Oblígale a comprender que está contraviniendo sus propias leyes al permitir que continúe soltera cuando estoy a punto de cumplir veintitrés años...

—Sabes muy bien que esas reglas no cuentan para aquellos que tienen sangre real... Tú estás por encima de la ley.

—¡Pero yo no quiero estar por encima de la ley! —se lamentó la princesa Ima—. Cada mes se derrama inútilmente mi sangre, y no veo nada en ella que la haga diferente al resto de las mujeres. Lo único que veo es que una vez más he perdido la oportunidad de ser madre...

¿Qué podía responder a eso alguien cuya próxima maternidad se encontraba tan a la vista y cuyo semblante parecía reflejar la felicidad que la invadía por el hecho de saber que portaba en su interior una nueva vida?

¿Cómo podía alguien que se sabía apasionadamente amada ofrecer palabras de aliento a un ser tan desoladoramente abandonado?

Ni un solo hombre de este mundo se atrevería a aproximarse a la princesa Ima sin el consentimiento del Emperador, consciente de que una sola frase o la más indiscreta mirada le conduciría directamente al patíbulo.

Únicamente cuando estuviera completamente seguro de que ya no iba a necesitarla, su hermano permitiría que alguien pusiera los ojos en ella, o ella en alguien, pero ésa era una posibilidad cada vez más remota.

Si por desgracia el destino de la princesa Ima era el de convertirse en madre del futuro Inca, estaría condenada a continuar viviendo en soledad, puesto que en ninguna mente humana cabía la idea de que un hijo del Sol pudiera tener un hermanastro por cuyas venas no corriera únicamente la sangre de un dios.

—Hablaré con el Emperador... —musitó al fin Sangay Chimé aunque resultaba evidente que no confiaba demasiado en el éxito de su gestión—. Lo que me pides me coloca en una posición harto delicada, pero intentaré que comprenda tu situación y te libere de la pesada carga que te ha sido impuesta.

Aun a sabiendas del riesgo que corría, cumplió su promesa y solicitó una audiencia, consciente de que durante su embarazo no sería bien vista en palacio, por lo que no la sorprendió que el Emperador la citara en la explanada de la fortaleza en la que cada mañana acostumbraba a correr a buen ritmo durante más de una hora.

—¿Vienes a hablarme de la princesa Ima? —fue lo primero que dijo cuando al fin tomó asiento a su lado, fatigado y sudoroso, tras el largo ejercicio.

—¿Cómo lo sabes, mi señor?

—¿Acaso ocurre algo en mi reino que yo no sepa? —inquirió él a su vez en tono áspero—. Me han contado que fue a visitarte, y sé que salió de tu casa llorando... ¿Qué le ocurre?

—Se siente sola.

—Doscientos esclavos y servidores viven pendientes de sus menores caprichos.

—No son más que eso, mi señor: esclavos y servidores que no pueden satisfacer sus verdaderos deseos. La princesa sueña con casarse y tener hijos.

—¿Acaso ha nacido en una fría choza de la puna? ¿Acaso ha tenido que trabajar en las labores del campo desde que tenía seis años? ¿Acaso se ha destrozado las manos trenzando *cabuyas* o tejiendo esteras? ¡No! Nunca ha hecho nada de eso, por lo que su vida ha sido siempre cómoda y placentera; pero ahora cree tener los mismos derechos que quien se los ha ganado con el sudor de su frente.

—No fue culpa suya nacer en cuna de oro y ser hija de quien es.

—No, desde luego, pero jamás protestó por ello. Ahora, sin embargo, y únicamente porque comienza a cosquillearle la entrepierna, pretende borrar su pasado arrimando su escudilla al nuevo fuego. No me parece justo. ¡Nada justo!

—Con todo el respeto que sabes que te tengo, ¡oh, gran señor!, lo que tampoco me parece justo es condenarla a ser eternamente virgen si no es ése su deseo.

—El templo está lleno de vírgenes que sueñan con dejar de serlo, pero que lo aceptan porque una antiquísima costumbre estipula que debe existir un determinado número de *ñustas*... —El Emperador se secó la frente con un paño de un blanco impoluto que acababa de entregarle uno de los sirvientes, y tras arrojarlo a un cesto que iría directamente al fuego puesto que nadie podía rozar siquiera el sudor del Inca, endureció el tono de voz hasta el punto de que parecía pertenecer a otra persona—. Sabes que siempre te he apreciado —dijo—. ¡Y mucho! Pero si quieres seguir siendo merecedora de ese afecto, no vuelvas a mencionar a la princesa. La trajeron al mundo para ser lo que es, y si no lo acepta, no merece vivir.

Se alejó seguido por una cohorte de impasibles guerreros, y Sangay Chimé no pudo evitar que un leve escalofrío le recorriera la columna vertebral.

El hijo del Sol acababa de mostrarle su más oscuro semblante, aquella parte tenebrosa de su personalidad que espantaba a cuantos le conocían, y no pudo por menos de maldecir su estupidez por mencionar en su presencia un tema que por principio jamás debería estar en boca de simples mortales.

Los problemas familiares de los miembros de la casa reinante eran algo sagrado que tan sólo les incumbía a ellos, puesto que así había ocurrido desde el comienzo de los tiempos.

Contaban las tradiciones que del lago Titicaca habían partido inicialmente seis hermanos, tres mujeres y tres hombres, pero que tan sólo una pareja, Manco Cápac y Mama Ocllo, alcanzaron la bendita tierra del Cuzco tras haberse librado por el camino de cuantos pudieran poner en peligro su linaje, incluidos los de su propia sangre.

Siglos más tarde, el precepto continuaba siendo el mismo, y por lo tanto muy semejante la forma de actuar: tan sólo debía existir un solo árbol con una sola rama que debía crecer sin temor a que las raíces de otros árboles minaran el suelo o las hojas de las ramas vecinas pudieran hacer sombra.

Como acostumbraba a señalar el Emperador: «Para asaltar mi palacio hacen falta diez mil valientes. Para asaltar mi dormitorio basta con un traidor. Por lo tanto resulta primordial que ese traidor no duerma en palacio.»

Pretendía decir con eso que el principal peligro se encontraba siempre entre los más allegados, por lo que la mejor forma de conjurarlo era evitar que alguien tuviese la más mínima oportunidad de considerar que tenía algún remoto derecho a sentarse en el trono.

El tiempo vendría a darle mucho más tarde la razón, puesto que la poderosa dinastía iniciada por Manco Cápac y que había conseguido mantenerse en el poder durante cuatro siglos tan sólo desapareció a partir del momento en que dos de sus descendientes, Atahualpa y Huáscar, se disputaron ferozmente el trono, y con sus insensatas luchas fratricidas propiciaron que un mísero puñado de ambiciosos aventureros llegados de muy lejos se adueñaran en cuestión de semanas del fastuoso Imperio y sus ingentes riquezas.

El ansia de ese poder ha sido desde siempre el más oscuro objeto de deseo de una gran parte de los seres humanos, por lo que a lo largo y a lo ancho de la historia no ha existido ni una sola forma de gobierno que se haya visto libre de las acechanzas de cuantos aspiran a sentarse en la cima del mundo.

Los incas fueron quizá los más hábiles a la hora de encontrar una forma de limitar al máximo la lista de los posibles aspirantes a la corona, pero aun así su historia aparece repleta de crímenes y traiciones que culminarían el día en que Atahualpa, preso ya de los españoles, mandara asesinar a sangre fría a su hermano Huáscar para que no pudiera aliarse con los conquistadores.

Incluso del mismísimo Gran Inca Yupanqui, glorioso entre los gloriosos, se aseguraba que había hecho asesinar, tanto por celos como por envidias, a varios de sus hermanos y a dos de sus hijos.

Profunda conocedora de la historia de su pueblo y de sus múltipes insidias, la princesa Sangay Chimé se maldijo de nuevo por no haber sabido medir el alcance de sus actos.

Presentarse tan visiblemente embarazada ante un hombre obsesionado por el hecho de que su esposa no podía darle un hijo había constituido una primera y terrible equivocación, puesto que, sin pretenderlo, ya había provocado en el Emperador una inevitable actitud de rechazo.

Inmiscuirse luego en un tema que sabía muy bien que le estaba vetado significaba sin duda un segundo paso en falso de imprevisibles consecuencias, e insistir en el tema se había convertido en el tercer y más grave de los errores.

Por todo ello, su rostro mostraba un deplorable aspecto el día en que Rusti Cayambe regresó del lago Titicaca para hacer su entrada en el luminoso dormitorio y colocar amorosamente la mano sobre su abultado vientre.

—¿Qué te ocurre? —se alarmó—. ¿Te encuentras mal?

—No de salud, sino de ánimo.

—¿Y eso?...

La afligida mujer le hizo una detallada exposición de cuanto había sucedido durante su ausencia, para acabar musitando con amargura:

—¡Tanto como me he esforzado tratando de enseñarte los entresijos de la vida en la corte, y resulta que he sido yo quien se ha extralimitado!

—Únicamente intentabas ayudar a la princesa...

—A costa de adentrarme en un terreno en exceso resbaladizo —se lamentó ella—. Debería tener la experiencia suficiente como para saber a lo que me arriesgaba.

—A mí me alegra que lo hayas intentado.

—No unas tu inconsciencia a mi estupidez —le recriminó su esposa—. Perder el favor del Emperador es lo peor que puede ocurrirle a nadie.

—Si es tan inteligente y generoso como aseguras, comprenderá tus motivos.

—Ya te comenté en una ocasión que cuando se comporta como el hijo del Sol cambia. En esos momentos no es inteligente, justo, ni generoso. Es como si una fiera se escondiera en lo más profundo de su mente; un ser maligno heredado directamente de sus más lejanos ancestros, puesto que no debemos olvidar que basaron su poder en la destrucción de sus propios hermanos.

—¡Extraño mundo el tuyo! —se lamentó el general Saltamontes—. Extraño y a mi modo de ver despreciable. Prefiero adentrarme en las selvas del oriente, o en los desiertos del sur, que una sucia ciénaga en lo que todo parece reducirse a no despertar las iras del Emperador.

—Y haces bien, puesto que ningún *auca* de la selva, ni ningún *araucano* de los desiertos, podrá nunca causarte tanto daño como el que pueda causarte el Emperador.

—Mañana tengo que verle.

—¡Sé muy prudente! —le recomendó su esposa—. Recuerda que sabe que has conseguido en una noche lo que él no ha conseguido en años: hacer que su esposa le dé un hijo.

El Inca recibió al general que había enviado a pacificar a los *urus* sentado en su fastuoso trono y rodeado por toda una cohorte de sumisos consejeros, pero su rostro semejaba una máscara de basalto, y sus entrecerrados ojos parecían mirar más allá de cuantos se encontraban arrodillados frente a él.

—¿Y bien? —quiso saber hablando por encima de la cabeza de Rusti Cayambe, que era quien se encontraba justo bajo sus pies—. ¿Qué noticias me traes del Titicaca?

—Los rebeldes han muerto, ¡oh, gran señor! —replicó en tono humilde el interrogado—. Mis hombres jugaron con sus cabezas, sus viviendas fueron incendiadas y sus familiares declarados esclavos...

—¿Cuántas bajas hemos tenido?

—Ninguna, mi señor.

—¿Ninguna?...

—Ninguna... Tan sólo dos heridos de escasa consideración.

Resultó evidente que la noticia satisfacía al Emperador, que se limitó a hacer un leve gesto de despedida con la mano.

—¡Bien! —dijo—. Has sabido cumplir con tu obligación... ¡Puedes retirarte!

—Aún hay algo más, ¡oh, gran señor! —se atrevió a musitar el joven general.

—¿Algo más? —se sorprendió el Inca.

—Así es, mi señor. Y respetuosamente pido permiso para exponértelo.

—Di lo que tengas que decir.

—Mientras me encontraba en el lago he tenido una idea que tal vez nos permita saber si vale la pena iniciar una campaña contra los *araucanos*.

—¿A qué te refieres?

—A que hemos dedicado demasiado tiempo, y hemos perdido infinidad de buenos soldados, intentando averiguar si los territorios que se extienden más allá del desierto de Atacama y su inaccesible cordillera es lo suficientemente fértil o contiene riquezas que ameriten continuar sacrificando a nuestros hombres.

—¿Y cómo pretendes averiguarlo sin cruzar el desierto y la cordillera? ¿Acaso tienes alas?

—No, mi señor. No tengo alas. Pero podríamos llegar hasta allí por mar.

Se dejó sentir un leve rumor de sorpresa, incredulidad o incluso de desaprobación, pero se acalló en cuanto los presentes repararon en la meditabunda expresión del Emperador.

—¿Por mar?... —repitió como si le costara dar crédito a lo que acababa de oír—. ¿Y cómo esperas llegar a las tierras de los *araucanos* por mar?

—Navegando siempre hacia el sur, mi señor.

—¿Navegando? ¿Y con qué clase de embarcaciones cuentas? Las diminutas canoas de nuestros pescadores apenas son capaces de alejarse de la costa, y a las pesadas balsas de troncos se las suele llevar el mar de forma que no volvemos a verlas nunca.

—Los *aymará* del Titicaca saben construir magníficas embarcaciones.

—¡Sí! —admitió ásperamente el Emperador—. Magníficas embarcaciones hechas a base de juncos de *totóra*, buenas para navegar en el lago pero completamente inútiles a la hora de adentrarse en el océano.

—¿Y quién puede asegurar tal cosa sin temor a equivocarse? —quiso saber su interlocutor—. Si flotan, flotan, puesto que el agua es igual en todas partes. Y los *aymará* saben cómo obligarlas a seguir un rumbo determinado ayudándose del viento y de los remos.

—El mar es salado.

—¿Y qué importancia tiene, mi señor?

El Inca permaneció unos instantes meditabundo, y por último se volvió a un anciano consejero al que se advertía tan confundido como el resto de los presentes.

—¿Tiene importancia? —quiso saber.

El pobre hombre pareció encogerse aún más, y resultó evidente que le aterrorizaba la idea de tener que dar una respuesta.

Al fin optó por encogerse de hombros, reconociendo su ignorancia.

—No lo sé, mi señor. Nunca he visto el mar.

El Inca se volvió de nuevo al general Saltamontes para inquirir casi agresivamente:

—¿Y tú has visto el mar?

—No, mi señor.

—En ese caso, ¿cómo puedes saber que las embarcaciones del Titicaca flotarán en él?

—Porque me han contado que el mar no es más que un inmenso lago de agua salada... He cogido agua, le he añadido sal y he introducido en ella un tallo de *totóra*... —Hizo una pausa, consciente de que todos se inclinaban sumamente interesados, y por último hizo un afirmativo gesto con la cabeza, para sentenciar, seguro de sí mismo—: ¡Y flota!

—¿Flota?... —repitió el hombre que se sentaba en el trono, al que el tema parecía interesarle más y más por momentos—. ¡Bien! Parece lógico que flote si al fin y al cabo no es más que agua con un poco de sal... ¿Pero consideras factible transportar unas naves tan pesadas desde el Titicaca hasta la costa a través de la cordillera? Llevaría meses, ¡tal vez años! Y dudo de que pudieran cruzar los puentes y los desfiladeros... ¡Sería una locura! ¡Una auténtica insensatez!

—No es en llevar los barcos en lo que había pensado, mi señor.

—¿Ah, no? ¿Entonces en qué?

—En trasladar allí a los que los construyen.

Un denso, casi palpable silencio se adueñó de la enorme estancia, y por un instante podría llegar a creerse que el hijo del Sol iba a ser víctima de un ataque de apoplejía, puesto que se había quedado muy quieto, con la expresión de quien ha recibido de golpe un jarro de agua fría.

—¡A los que los construyen! —masculló al fin casi masticando las palabras—. ¿Se te ha ocurrido la idea de transportar hasta la orilla del mar grandes haces de *totóra* para que los *aymará* fabriquen allí sus naves?

—¡Así es, mi señor!

—¿Y se te ha ocurrido a ti solo?
—¡Así es, oh, gran señor!
Nuevo y largo silencio meditabundo. El Emperador paseó la vista por encima de cuantos aguardaban, entre atemorizados y expectantes, clavó luego los ojos en un disco del sol que parecía ejercer sobre él un especial magnetismo y por último observó a quien aún permanecía a sus pies como si se encontrara ante un extraño animal desconocido que tuviera la extraña virtud de desconcertarle.

—Me colocas ante un serio dilema, Rusti Cayambe —dijo al fin—. No sé si ordenar que te corten una cabeza que piensa en exceso, lo que siempre resulta peligroso, o ascenderte a general con mando sobre diez mil hombres.

—Personalmente me inclinaría por lo segundo, mi señor.

El Emperador permitió que una leve sonrisa asomara a sus labios, ya que ésa era la máxima expresión de regocijo que podía permitirse en público, y concluyó por agitar de un lado a otro la cabeza como si aún le costara trabajo asimilar cuanto allí se había dicho.

—¡Deslenguado saltamontes! —exclamó—. Juegas con fuego, y el día menos pensado te abrasarás, pero reconozco que no sé qué es lo que admiro más en ti: si tu astucia o tu audacia. —Le apuntó con el dedo amenazadoramente—. ¡Ten mucho cuidado!... —advirtió—. Te vigilo de cerca. —Se puso en pie dando por concluida la audiencia al tiempo que puntualizaba—: De momento pongo diez mil hombres a tu mando para que construyas esas naves y vayas a comprobar si el país de esos hediondos *araucanos* merece ser conquistado.

La princesa Tunguragua, más conocida por Tungú, o por el dulce sobrenombre de Tórtola, nació puntualmente a los nueve meses de la noche de bodas de sus padres, como si haciendo acto de presencia en tan determinada fecha quisiera dar fe, tanto de la moralidad, como de la eficiencia de sus progenitores.

Y nació con los enormes ojos negros muy abiertos, como si desde el primer momento sintiese una irrefrenable curiosidad por cuanto la rodeaba, curiosidad que constituyó siempre —junto con la cabezonería— uno de los rasgos más determinantes de su personalidad.

Llegó al atardecer con el viento tibio y perfumado que ascendía desde el fondo del valle, y que solía preceder a la bruma fría y silenciosa que anunciaba la llegada de la noche.

La buena nueva se extendió rápidamente por la ciudad, y muy pronto el palacio se llenó de hermosos presentes con los que ricos y pobres, humildes y poderosos, soldados y gentes de paz pretendían dar fe de la alegría que les había producido el hecho de que aquella singular unión entre el héroe y la princesa, entre la fuerza y la gracia, hubiera dado tan tempranos y hermosos frutos.

Los cielos habían bendecido un hogar que todos bendecían, puesto que cada hombre y cada mujer del Cuzco se sentía en cierto modo representado en aquella hermosa pareja que venía a significar un cambio en las rígidas reglas de una sociedad que había permanecido hasta ese momento demasiado fiel a sí misma.

Cuando la reina Alia penetró en la pequeña recámara en que su esposo solía encerrarse a meditar sobre las difíciles decisiones que a menudo se veía obligado a adoptar, se lo encontró sentado en un pequeño taburete forrado en piel de alpaca blanca, con la cabeza escondida entre las manos.

—Sangay Chimé ha dado a luz a una niña... —susurró acomodándose a sus pies y tomándole con gesto de profundo amor una de las manos de tal forma que le obligara a mirarla.

—Lo sé.

—¿Y no te alegra?

—¿Te alegra a ti?

—¡Naturalmente! El dolor de aquellos a quienes amo no mitigaría en absoluto mi dolor. Muy por el contrario. Aprecio a Sangay como si se tratara de mi propia hermana, o quizá aún más, puesto que me consta que en ella nunca tendré una rival, y comprender la naturaleza de la felicidad que debe embargarle en estos momentos, me conmueve.

—Me consta que ella siente lo mismo por ti.

—Y tú por ella, pero no obstante tengo la impresión de que no te alegras.

—Hubiese preferido que hubiese sido un niño.

—¿Por qué?

El Emperador tardó en responder, miró a su esposa a los ojos y al poco apartó la vista y la clavó en la pequeña hoguera que brillaba en un rincón de la estancia.

—Yahuar Queché asegura que los astros no están colocados de modo propicio para el nacimiento de una niña, y si ya nace oponiéndose a los designios de los astros, quiere decir que provocará conflictos.

—¡Oh, vamos! —se escandalizó la reina llevándose la palma de una de sus manos a la boca para depositar en ella un beso muy suave—. ¿Qué conflictos puede provocar una niña?

—¿Siendo hija de la princesa Sangay y de ese desvergonzado saltamontes? —inquirió él—. Todos los del mundo. Al menos Yahuar Queché así lo cree.

—Yahuar Queché es un maldito pájaro de mal agüero que no ve más que desgracias porque es lo que en realidad le gusta ver. —La buena mujer agitó la cabeza de un lado a otro al tiempo que se ponía en pie para ir a tomar asiento al otro extremo de la estancia—. No comprendo cómo alguien tan inteligente como tú le escucha. Trae mala suerte, y si por mí fuera, hace años que lo habría expulsado de la ciudad.

—Predijo la muerte de nuestro padre.

—Razón de más para echarle a patadas, aunque a decir verdad nuestro padre se encontraba tan enfermo que hasta un ciego hubiera previsto su muerte.

—Anunció la gran victoria de Aguas Rojas.

—¡Desde luego!... —admitió ella en tono irónico—. ¡Lo recuerdo muy bien! Te dijo «¡Hemos vencido!», pues le constaba que nuestra superioridad era de tres a uno, pero también te anunció que traían la cabeza de Tiki Mancka clavada en una lanza, cuando lo cierto es que aún estaba sobre sus hombros, y así te la entregó Rusti Cayambe. No es más que un embaucador y un farsante, y aunque mil veces te he oído decir que ya es hora de acabar con toda esa gentuza, nunca te decides a hacerlo.

—El pueblo los necesita.

—¡Eso no es cierto y lo sabes! El pueblo únicamente te necesita a ti. Si les proporcionas trabajo, alimentos y atenciones, pueden pasar muy bien sin hechiceros ni adivinos... —La escéptica reina Alia sonrió con amargura al concluir—: Según Yahuar Queché, nuestro hijo será el más grande de los Incas que hayan existido. Pero dime... ¿dónde está nuestro hijo?

—En tu vientre. Pronto nacerá.

—Comienzo a desesperar.

—Sabes bien que «desesperación» es un término prohibido a nuestro linaje. Desesperación es sinónimo de falta de fe, y si a los hijos de los dioses nos falta la fe, ¿qué podemos dejar para los simples humanos? Ellos tienen tantos motivos para desesperarse como estrellas brillan en la noche, pero nosotros vivimos bajo la luz de nuestro padre el Sol.

—También yo distingo las estrellas en la noche, y desde que estabas en la cuna me esforcé por inculcarte los principios por los que deberían regirse nuestras vidas, pero si quieres que te sea sincera, en ocasiones me asaltan serias dudas sobre cuanto te enseñé.

—¡No quiero oírte!

—Sigues siendo el mismo niño de siempre... —le hizo notar ella con acusada ternura—. Cuando algo no te gusta optas por ignorar su existencia, pero los problemas siguen ahí, por mucho que vuelvas el rostro hacia otro lado.

—Si compartiera tus dudas tendría que plantearme por qué hago lo que hago, con qué derecho envío a miles de hombres a la muerte, o quién me autoriza a convertir en *runantinyas* a mis enemigos. —Su voz no denotaba la más leve sombra de duda al concluir—: Si no estuviera convencido de que los dioses me eligieron para ser Emperador, no aceptaría serlo.

—Eso es precisamente lo que te hace grande —sentenció ella—. Crees en tu destino, y como también yo creo en él, a menudo me planteo que soy un obstáculo en tu camino hacia la gloria. Lo único que te falta es un heredero, y no consigo dártelo... —Lanzó un hondo suspiro al tiempo que apuntaba—: Tal vez va siendo hora de empezar a considerar...

—¡No! —la interrumpió su esposo en tono abiertamente agresivo—. ¡Ni tan siquiera lo menciones!...

—¡Pero es que!...

Él extendió la mano autoritariamente.

—¡Ni una palabra! —ordenó—. ¿Acaso aceptarías acostarte con otro hombre? ¿Podrías hacerlo?

—¡No es lo mismo!

—¿Por qué no? A ti te resultaría mucho más fácil... No tendrías que hacer nada. ¡Pero yo...! —protestó sinceramente dolido—. Yo sí que fracasaría, porque la sola idea de acariciar a otra mujer me repugna.

—Pero ¿por qué?

—Porque quien ha sentido el tacto de tus manos desde que tiene uso de razón, quien ha aspirado tu olor aun antes de haber abierto los ojos por primera vez, o quien ha dormido todas las noches de su vida escuchando el latir de tu corazón, prefiere morir a sentir el contacto de otras manos, aspirar otro olor o escuchar los latidos de otro corazón.

Ella le acarició el rostro como a un niño asustado.

—¿Por qué será que nunca me canso de oírte decir las

cosas más hermosas que nadie le ha dicho jamás a su esposa? —inquirió.
—Porque sabes qué es lo que en verdad siento.
—Sí. Lo sé... —admitió ella—. ¿Y sabes por qué lo sé? Porque yo siento exactamente lo mismo. Ni todos los tesoros de este mundo conseguirían que aceptase que alguien que no fueras tú me tocara.
—¿Por qué he de ser yo diferente?
—Porque tu primera obligación es mantener el Imperio en paz... Y si no le das un heredero, antes o después comenzarán a fraguarse las intrigas. El cóndor vuela muy alto. Tan alto, que ni siquiera nos percatamos de su presencia porque suele planear por encima de las nubes, pero en cuanto le llega el hedor de la carroña aparece enseñando sus garras.
—Sabré mantener alejados a los cóndores... —La tomó de la cintura y la condujo con suavidad hacia el cercano dormitorio al tiempo que comenzaba a soltarle la hermosa y vaporosa túnica carmesí—. Y en cuanto nuestro hijo nazca, los cóndores se irán para no volver nunca.
Hicieron el amor.
Con la pasión de amantes.
Con la ternura de hermanos.
Con la complicidad de amigos.
Y con la ansiedad de padres.
Buscaban un hijo, pero probablemente en lo más profundo de su alma no buscaban al heredero del trono de los Incas, sino al notario y testigo que viniera a rubricar que el suyo era un amor total; aquel que confirmara que eran uno y dos al mismo tiempo. Luego serían tres unidos de forma indisoluble por la sangre que corría por sus venas; sangre que no importaba que procediera directamente del Sol o de simples humanos.
Era su sangre; la que se intercambiaban junto a los besos y caricias; la que bullía cuando él la penetraba; la que hervía y estallaba una y otra vez sin rastro de astío o de fatiga.
La noche en que el Emperador nació, su hermana Alia fue la primera en estrecharle contra su pecho.

Aquella noche, treinta y dos años más tarde, continuaba de igual modo abrazándose a él.

El amanecer sorprendió a la reina contemplando el rostro de su amado, velando su sueño y preguntándose una vez más si la semilla que con tanta generosidad había recibido sería capaz de florecer en sus entrañas.

Luego, cuando los primeros pájaros comenzaron a alborotar, atravesó las frías estancias de palacio, salió al jardín de levante y fue a postrarse ante el altar de un pequeño pabellón de piedra negra, aguardando a que el primer rayo de sol que se aventuraba por un cortado de los montes vecinos penetrara directamente por el ovalado ventanuco orientado al este para incidir sobre su inclinada cabeza.

Estaba convencida de que, alguna de aquellas frías mañanas, los caprichosos dioses de la fertilidad se apiadarían de ella.

Alguna de aquellas mañanas permitirían que su hijo comenzara a vivir al calor de ese sol.

Alguna de aquellas mañanas se cumpliría su destino de madre.

Lo único que tenía que hacer era pedírselo humildemente a unos dioses que hasta el presente se habían mostrado cruelmente juguetones.

Luego, cercano ya el mediodía, ordenó que se preparara una gran comitiva que la condujera, con toda la pompa y el boato que la ocasión merecía, hasta el palacio de la princesa Sangay Chimé.

Pese a sus íntimas amarguras y personales tribulaciones, en el fondo la alegraba el hecho de que alguien a quien en verdad apreciaba se sintiera en aquellos momentos tan merecidamente feliz.

Ordenó a sus esclavas que la vistieran con una preciosa túnica de finísima tela negra bordada en oro, la más bella de las que habría de ponerse aquel día, y que tan sólo utilizaría una vez, puesto que constituía una antiquísima tradición que tanto el Emperador como la reina debían estrenar tres lujosos vestidos diarios, que cada noche se quemaban como muestra inequívoca de que aquello que había estado en íntimo contacto con el cuerpo de los soberanos no podía ser tocado por ser mortal alguno.

Más tarde, músicos y bailarines precedieron al baldaquín de oro macizo cargado por veinte esclavos sobre el que recorrió las estrechas y sinuosas calles de la ciudad, permitiendo que miles de fervorosos súbditos la admiraran y cantaran sus alabanzas, aunque ninguno de ellos podía permitirse la osadía de mirarla a la cara.

¡Ahí viene! ¡Ahí viene!
La hija del Sol,
la esposa del Sol,
la madre del Sol.

¡Ahí viene! ¡Ahí viene!
La luz que nos ilumina,
el aire que respiramos,
el calor que nos da la vida.

¡Ahí se va! ¡Ahí se va!
La montaña más alta,
el lago más profundo,
el río más caudaloso.

¡Ahí se va! ¡Ahí se va!
Nuestra hermana,
nuestra reina,
nuestra alegría...

La mayoría de las mujeres lloraban de emoción, los hombres se postraban de hinojos, e incluso algunos, los más iluminados, se tumbaban en mitad de la calle para que los esclavos que portaban las andas los pisaran, lo que, según una vieja leyenda, les proporcionaría una muerte dulce y un lugar muy especial en el paraíso.

Cuando poco después penetró en la luminosa estancia en que se encontraba la princesa Sangay Chimé con su hija en brazos, su amplia y sincera sonrisa no dejaba lugar a dudas sobre sus verdaderos sentimientos.

—¡Que los dioses la bendigan! —fue lo primero que dijo—. Que la alegría que ha traído a esta casa la acompañe hasta su vejez, y que sea digna hija de quien es.

—¡Gracias, oh, gran señora! —replicó la orgullosa madre arrodillándose ante ella para ofrendarle la criatura—. Te ruego, mi reina, que roces con tu mano la frente de mi hija, para que se mantenga por siempre libre de todo mal.

Pero en esta ocasión la reina no se limitó a rozar la frente de la criatura, sino que la cogió en brazos, tomó asiento y comenzó a mecerla mientras le musitaba quedamente una vieja canción de cuna.

Al observar la tierna escena, la princesa Sangay tuvo la dolorosa sensación de que se le desgarraba el alma.

Ante ella tenía a la madre de todas las madres, la única que merecía serlo sobre todas las demás, puesto que cada segundo de su vida había estado dedicado a la tarea de ser madre.

Pero no alcanzaba a serlo.

Y todo el amor que atesoraba surgía ahora de un modo espontáneo mientras susurraba al oído de una niña que comenzaba a quedarse dormida.

Cuando poco después una nodriza se llevó a Tunguragua, la reina observó sonriente a su amiga de siempre.

—Te encuentro más delgada y algo ojerosa —dijo—, pero en verdad nunca te había visto tan resplandeciente. Resulta evidente que la maternidad ilumina tu rostro.

—Es que soy todo lo feliz que puede ser una mujer.

—Lo entiendo. Y mi deseo es que ninguna nube venga a cubrir tu cielo. —Sonrió muy levemente—. El Emperador te envía su bendición. Me consta que le hubiera gustado acudir en persona, pero sabes que con ello hubiese establecido un engorroso precedente por el que todos los miembros de la familia real se sentirían menospreciados si no acudiera a conocer a sus vástagos. Y ya sabes cómo aborrece ese tipo de formalidades.

—Lo comprendo muy bien, mi señora —fue la humilde respuesta—. Ni siquiera se me pasó por la mente la posibilidad de que tú vinieras, y con ello has colmado todos mis sueños. Del Emperador lo único que deseo es su perdón por mi imprudencia.

—El incidente está olvidado... —la tranquilizó la reina con una dulce sonrisa—. Fuiste muy valiente, y hasta diría que osada, al abordar un tema que le irrita, pero yo te comprendo, al igual que comprendo a la princesa Ima. No es justo que su destino se encuentre tan directamente ligado al mío, pero así son las cosas, y así debemos aceptarlas...

Al poco regresó a su palacio, acompañada por idéntico ceremonial, pero su corta visita sirvió para evidenciar que la familia de Rusti Cayambe ocupaba un lugar muy especial en el afecto de los monarcas, ya que la recién nacida había sido bendecida personalmente por la reina.

Al propio tiempo, en los mentideros del Cuzco no se hablaba de otra cosa que de la sorprendente labor que al parecer estaban llevando a cabo los hombres del siempre desconcertante general Saltamontes a orillas del lago Titicaca.

Como preludio a cuanto había de llegar en los meses siguientes, habían seleccionado a los quinientos *urus* más fuertes, tanto hombres como mujeres, agrupándolos en una explanada en la que los obligaron a raparse las cabezas los unos a los otros hasta que quedaran tan mondas como un callao del río.

Una vez hecho eso, se encendió una enorme hoguera a la que tuvieron que arrojar absolutamente todas sus vestiduras, quedando tal como vinieron al mundo, para ser conducidos, pasado el mediodía, a los anchos canales de agua poco profunda, a esas horas caliente por los efectos del sol, donde se los sumergió hasta el cuello durante más de dos horas, ordenándoles que introdujeran de tanto en tanto incluso la cabeza.

Quien remoloneaba o se resistía, recibía de inmediato cien latigazos, y si aún continuaba oponiendo resistencia se le ajusticiaba en el acto por medio de un contundente golpe de maza que le hundía el cráneo.

Rusti Cayambe parecía decidido a convertir a aquella pandilla de vagos pulguientos y costrosos en mano de obra válida para la sociedad, y sus órdenes habían sido tajantes:

—Los quiero útiles o muertos porque el Imperio no puede continuar cargando con una lacra que constituye un nefasto ejemplo para cuantos se ven obligados a trabajar de sol a sol.

Los *urus*, que habían basado sus pautas de comportamiento en el abandono de cualquier tipo de iniciativa —la desidia llevada a sus últimas consecuencias, y la resistencia, más que pasiva, «inactiva»—, se encontraron de improviso frente a la cruda realidad de que la política de hacer oídos sordos que tan buenos resultados les había dado hasta el presente, los conducía ahora directamente a la muerte.

Cuando el séptimo cadáver quedó tendido boca arriba en mitad de un campo abierto, con las entrañas al aire para que comenzase a heder cuanto antes, y en el cielo hicieron su aparición los primeros cóndores, incluso los más rebeldes y recalcitrantes parecieron llegar a la conclusión de que algo había cambiado, y de que a partir de aquel día tendrían que empezar a encarar el futuro de un modo muy distinto.

Resulta evidente que ni los propios *urus*, ni mucho menos el enérgico general Saltamontes, tenían los conocimientos suficientes como para comprender que la secular apatía de aquel pueblo no se debía simplemente al hecho de que fueran vagos de solemnidad, sino a una larga serie de problemas de índole física que se arrastraban de generación en generación, y que tenía su principal raíz en una alimentación escasa en calorías y deficiente en vitaminas y minerales.

Cientos o tal vez miles de años de no consumir más que pescado, maíz y patatas habían agotado a un pueblo que habitaba a casi cuatro mil metros de altitud sobre el nivel del mar, y que en ocasiones sufría unas diferencias de temperatura de más de cincuenta grados entre el bochorno de los quietos mediodías en los que la superficie del tranquilo lago devolvía los rayos de sol como un espejo o las heladas noches en las que el viento descendía ululando de las nevadas cumbres andinas.

Una desnutrición atávica y sin esperanzas los había llevado al punto en que ahora se encontraban, y había conseguido que incluso los siempre activos y laboriosos incas acabaran por rendirse a la evidencia de que no existía forma humana de hacer reaccionar a aquella cuadrilla de inútiles.

Pero la visión de una docena de cóndores destrozando con sus picos y sus afiladas garras los cuerpos de padres, hermanos o parientes que la noche antes dormían quizá en la misma choza constituía, en verdad, un revulsivo capaz de obligar al menos animoso de los hombres a dar un primer paso en la dirección correcta.

Al tercer día de tan drástica forma de actuar, y cuando no le quedó la más mínima duda de que ni una sola pulga había sobrevivido a los largos baños y la mugre de toda una vida había pasado a abonar los campos vecinos, Pusí Pachamú, que era quien había estado en todo momento al mando del complejo operativo militar, ordenó que le fuera entregado a cada hombre o mujer un largo poncho de color verde oscuro por el que debían ser reconocidos de allí en adelante.

Luego los puso a cortar juncos del lago, las famosas cañas de *totóra* que una vez secas al ardiente sol de aquellas alturas se unirían en haces del grueso del brazo de un hombre y que constituían la materia prima con que los hábiles *aymará*, vecinos de los *urus* pero infinitamente más activos, limpios y eficaces, fabricarían sus hermosas naves.

Mientras tanto, un centenar de veteranos habían sido enviados hacia el oeste, con órdenes expresas de encontrar una ruta cómoda entre el lago más alto del mundo y el océano.

Se trataba de una distancia de algo más de doscientos kilómetros, con un desnivel de casi cuatro mil metros a través de una de las regiones más accidentadas del planeta; tal vez una misión prácticamente imposible para la mayor parte de los seres humanos, pero no para quienes habían nacido y se habían criado en aquellas increíbles alturas, y habían sido entrenados, además, como fuerzas de élite de un poderosísimo ejército.

Se abrieron nuevos pasos, se construyeron increíbles puentes, y se edificaron *tambos* que permanecían siempre repletos de alimentos, y que se alzaban a la distancia exacta que debía recorrer diariamente un hombre cargado con cincuenta kilos de peso.

Más que una operación militar, era aquélla una operación de intendencia, y eso era algo en lo que los incas habían demostrado desde muy antiguo una especial habilidad.

Sin conocer la rueda, y por lo tanto el carro, que en realidad hubiese resultado inútil y engorroso por unos empinados senderos que la mayor parte de las veces estaban conformados por escalones tallados en la roca y puentes colgantes de muy difícil tránsito, hombres y mujeres avanzaban hora tras hora sin experimentar la más mínima señal de fatiga, puesto que, habiendo nacido a tanta altura sus pulmones se encontraban habituados desde niños a la escasez de oxígeno, mientras que sus piernas parecían haber sido fabricadas en el más puro acero.

Una larga hilera de porteadores, vigilados y auxiliados por centenares de soldados, inició por tanto la marcha hacia la costa transportando, sujetos a la frente por anchas fajas de gruesa tela, los largos bultos de *totóra*.

El general Saltamontes demostraba sin lugar a dudas que no sólo era un magnífico estratega, sino, también, un eficiente organizador.

Los mejores contructores *aymará* se trasladaron de igual modo a la costa, se eligió una ancha y tranquila ensenada protegida de los vientos que llegaban de la sierra y, en cuanto comenzaron a llegar los cargamentos, se inició la tarea de unir entre sí los haces de juncos.

A los tres meses del nacimiento de Tunguragua, Rusti Cayambe se dispuso, por tanto, a iniciar la gran aventura de su vida.

—Ignoro cuánto tiempo tardaré en regresar... —le comentó durante la última noche a su esposa—. Pero puedes estar segura de que ningún sucio *araucano* me impedirá volver.

—No me preocupan los *araucanos*... —le hizo notar una princesa a la que le costaba un enorme esfuerzo ocultar su tristeza—. Me preocupa el mar.

—No es más que agua.

—¿Y te parece poco? —se asombró ella—. El nuestro es un pueblo que sabe enfrentarse al frío de los páramos, a los más peligrosos abismos e incluso a impenetrables selvas, pero jamás, que yo recuerde, nos hemos enfrentado al mar.

—Los *aymará* saben cómo hacerlo.

—En el Titicaca, no en un océano que, por lo que pude ver cuando acudí a visitar a la familia de mi madre, es infinitamente mayor y muchísimo más agitado.

—¿Agitado? —se sorprendió él—. ¿Qué quieres decir con eso de «agitado»?

—Que siempre está en movimiento —fue la respuesta—. ¿Acaso no te lo han dicho? Cuando sopla el viento se alza furioso contra la tierra firme y su fuerza es semejante a la de un pequeño terremoto.

—Ya he visto las olas que se forman en el lago.

—¡No tienen nada que ver! Las del mar son diez veces mayores.

—¿Estás segura?

—Lo he comprobado personalmente. Su estruendo se escucha en la distancia, y cuando avanzan por la playa se diría que pretende aferrarte por los pies con el fin de arrastrarte a las profundidades.

—¡Ni siquiera había pensado en eso! —admitió un impresionado Rusti Cayambe—. Siempre me habían asegurado que el mar no es más que un lago gigantesco.

—¡Y así es! Pero por eso mismo resulta tan peligroso. ¿Sabes nadar?

—¿Nadar? No. Cada vez que he tenido que cruzar un río sin puentes lo he hecho aferrado a un buche de alpaca bien inflado.

—Pues en ese caso te aconsejo que te proveas de uno de esos buches de alpaca. Y que se los proporciones a todos aquellos que no sepan nadar.

—¡No se me había ocurrido!

—¿Entiendes ahora por qué me preocupa más el mar que los *araucanos*? Estoy convencida de que sabes cómo enfrentarte a esos cerdos, pero también estoy convencida de que el océano te va a proporcionar terribles sorpresas.

—¡Bien! —admitió él en tono resignado—. Ya es tarde para volverse atrás, pero de lo que puedes estar segura es de que en los peores momentos, si es que llegan, el hecho de saber que me estáis esperando me dará fuerzas para seguir adelante.

—¿Cuánto tiempo calculas que tardarás en volver? —quiso saber la princesa.

—Ya te he dicho que no tengo ni la más remota idea —se vio obligado a responder su esposo sin poder evitar encogerse de hombros—. No sabemos a qué distancia se encuentra realmente el auténtico país de los *araucanos*, ni a qué velocidad se puede avanzar por ese mar. Puede que seis meses; puede que ocho... ¡Yo qué sé!

—¡No es justo!

—¿Qué es lo que no te parece justo?

—Que tengas que ser tú quien vaya.

—La idea fue mía.

—Lo sé, pero el Emperador debería comprender que tú eres demasiado valioso como para arriesgarse a que te pierdas en una empresa tan peligrosa. Debería haber puesto a Pusí Pachamú al mando de la expedición.

—¿Y crees que yo lo hubiera aceptado? No es ésa mi forma de actuar, ya que jamás le exijo a ninguno de mis hombres nada que yo no sea capaz de haber hecho antes. Por eso me respetan.

—Y te adoran, lo sé, pero de qué les servirá si no regresas.

—¡Ya te he dicho que volveré! —insistió él un tanto molesto—. Y me moriría de vergüenza, renunciando a mi cargo, si me impidieran ir al frente de mis soldados.

—Pues a mí se me antoja una terrible muestra de egoísmo el hecho de que no pienses ante todo en nuestra hija y en mí. ¿Qué será de nosotras si nos faltas?

—Estaréis, más que nunca, bajo la protección del Emperador.

—No me refiero a eso... —protestó ella—. Me refiero a ti y a mí. Si sufro lo indecible cuando pasas una semana lejos, ¿qué ocurrirá cuando transcurran los meses sin saber nada de ti?

—Que tendrás que aprender a vivir con ello. Siempre quisiste casarte con un general, no con un cortesano de los que jamás se han arriesgado a ir mas allá del río Apurímac.

—¡Pero es que tengo miedo!

—Eso no es digno de ti... —le reconvino su esposo acariciándole amorosamente el cabello—. Tienes que ser fuerte.

—¿Y cómo se demuestra la fortaleza cuando no puedes hacer más que esperar? Haga lo que haga, diga lo que diga, nada cambiará el hecho de que te encuentras muy lejos, y son los dioses los que tienen tu vida en sus manos.

—En ese caso habla cada día con los dioses. Hazles ofrendas y pídeles que cuiden de mí porque nuestra hija me necesita. Estoy seguro de que te escucharán.

—Mi madre siempre decía que los dioses nacieron sordos. Saben hablar y ver, pero aún no han aprendido a escuchar. Si supieran hacerlo no habría enfermedades, plagas, terremotos ni inundaciones...

—Las enfermedades, las plagas, los terremotos y las inundaciones existen no porque los dioses sean sordos, sino porque desean poner a prueba nuestra entereza frente a las adversidades. Si todo fuera cómodo y la vida nos sonriera a todas horas, ¿qué mérito tendríamos?

—Yo nunca he deseado mérito alguno —señaló la princesa Sangay Chimé, segura de lo que decía—. Lo único que he deseado es vivir en paz con mi esposo y muchos hijos...

El mar era inmenso.

Incluso visto desde lo alto de la montaña impresionaba, pero una vez abajo encogía el ánimo de los más valientes, puesto que invitaba a pensar que se trataba de un gigantesco monstruo de apariencia amable pero que permanecía al acecho dispuesto a devorar a su víctima en el momento justo en que le viniera en gana.

Rusti Cayambe y Pusí Pachamú tomaron asiento sobre la arena, aspiraron hondamente aquel desconocido olor a sal, algas y yodo, escucharon en respetuoso silencio el rumor de las olas y el grito de las aves que revoloteaban sobre sus cabezas y permanecieron largo tiempo meditabundos, como si estuvieran tratando de hacerse una idea de qué era lo que en verdad los esperaba.

—¿Qué opinas? —inquirió al fin el anonadado general Saltamontes.

—Que frente a esto el Titicaca es como una moñiga de alpaca comparada con el nevado de Ampato.

—¿Imaginabas que pudiera ser tan grande?

—¿Cómo se puede imaginar nadie algo así? —protestó su subordinado—. Por más que miro no veo nada al otro lado.

—Es que al otro lado no hay nada.

—¡Algo habrá!

—Más agua.

—¿Y luego?

—Más agua.

—¿Y toda salada?

—Eso dicen.

—¡Pues que el cielo nos proteja!

—Debiste patearme el culo el día en que se me ocurrió esta idea.

—¿Y yo qué sabía?

—Me siento como esos estúpidos que juegan a las bolas y ganan. Insisten y vuelven a ganar, y así una y otra vez, convencidos de que nunca les llegará el momento de perderlo todo.

—Aún no hemos perdido... —le hizo notar su subordinado.

—¡No! Aún no... —admitió Rusti Cayambe al tiempo que se ponía en pie—. Pero me da la impresión de que a éste nadie le gana.

Al día siguiente alcanzaron la quieta ensenada en que, a la orilla de un minúsculo riachuelo que descendía de la cordillera, se había alzado un improvisado «astillero» en el que trabajaban cientos de hombres y mujeres.

El primer barco, de unos quince metros de largo por cuatro de ancho, con la proa y la popa muy en punta y un solo palo del que colgaba una cuadrada vela tejida también con finos tallos de *totóra*, se encontraba ya dispuesto sobre la arena, muy cerca del agua, a la espera de ser botado con todo el complejo ceremonial que el momento requería.

Si la bendición de los sacerdotes y valiosos sacrificios a los dioses de las profundidades se hacían necesarios allá en el tranquilo Titicaca, aquí en el proceloso mar ilimitado resultaban evidentemente de todo punto imprescindibles.

Cánticos, bailes, ofrendas de los más diversos animales, frutos y estatuillas de oro y plata, así cuanto pasó por la mente de los «expertos» en negocios relacionados con el mar y que sirvieran para atraer sobre la nave la mayor cantidad de buena suerte posible, fue puesto en práctica con verdadero entusiasmo, y al fin, con el primer rayo de sol hiriendo las quietas aguas de la ensenada, se inició la delicada tarea de empujar la pesada nave sobre troncos rodantes.

Cuando al fin quedó meciéndose tranquilamente a unos veinte metros de la orilla, a la que le unía una larga y resistente maroma, la mayor parte de los presentes se observaron estupefactos.

¡Flotaba!

¡Y cómo flotaba!

Aproximadamente, un metro de su infraestructura había desaparecido bajo la grisácea superficie del océano, pero el resto de la altiva embarcación se destacaba, hermosa y desafiante, contra el azul del cielo de la mañana.

Cuando a los pocos instantes un alcatraz acudió a posarse en la punta del palo, hasta los más pesimistas estuvieron de acuerdo en considerar que aquélla era sin duda una clara señal de que los dioses del mar, quienes quiera que fuesen, habían dado la bienvenida a la extraña criatura llegada de las altas cumbres de la sierra.

—Tendremos que ponerle un nombre... —aventuró Pusí Pachamú—. Cada una de ellas tendrá que tener su propio nombre, y a ti, como comandante en jefe, te corresponde el honor de elegir el primero.

—*Tunguragua*.

—Lo suponía.

—¿Qué otro nombre mejor que el de mi hija, si al fin y al cabo también es, en cierto modo, hija mía?

—¡Ninguno, desde luego! Pero la segunda se llamará *Reina Alia*.

—Y la tercera *Mama Quina*, como tu mujer.

—¡Nunca me hubiera atrevido a pedírtelo!

—Pero yo sí que me atrevo a ofrecértelo... ¿Cuántas naves crees que necesitaremos?

Su subordinado se encogió de hombros al aventurar:

—¿Cuatro?

—Más vale que sean cinco. Mi idea es llevar unos cincuenta hombres, diez en cada barco, más dos *aymará*, que son los que saben obligarlas a avanzar contra el viento.

A las dos semanas todo estaba dispuesto, seleccionados los más valientes soldados y los diez mejores marinos, cargadas las armas, el agua y las provisiones y animoso el espíritu a la hora de lanzarse a una aventura que ningún habitante del Altiplano andino había intentado con anterioridad.

Tan sólo Viracocha, el supremo creador, se había adentrado en el océano cientos de años atrás, y la experiencia enseñaba que nunca había encontrado la forma de volver.

Ellos confiaban en tener mejor suerte.

Abandonaron la tranquila ensenada cantando.

Cruzaron frente a las ruinas de una gigantesca fortaleza de adobes alzada nadie sabía cuándo por los «antiguos» que en muy lejanos tiempos habitaron en aquel desolado lugar de la costa, cantando, y doblaron el árido cabo que protegía la bahía de los vientos, cantando.

Pero a los pocos minutos se les habían acabado las ganas de cantar.

Largas ondas llegaban desde el oeste para romper mansamente contra las rojizas arenas cada vez más lejanas, pero en su ir y venir obligaban a las embarcaciones a subir, bajar y cabecear a tal punto que, uno tras otro, la mayoría de los valerosos guerreros de fiera mirada comenzaron a tragar saliva y a palidecer, al poco sus rostros se convirtieron en verdes máscaras y por fin uno de ellos no pudo contenerse, por lo que se inclinó sobre sí mismo para comenzar a vomitar ruidosamente.

Como si aquélla hubiera sido una señal largo tiempo esperada, la mayor parte de sus compañeros de embarcación le imitaron, y por desgracia lo mismo ocurrió en todas y cada una de las naves, que durante largo rato flotaron a su antojo puesto que ni aun los más avezados marineros de agua dulce se sentían con fuerzas como para pilotarlas.

A la caída de la tarde, destrozados física y moralmente, se aproximaron a la costa, saltaron a tierra e hicieron un postrer esfuerzo sujetando las embarcaciones a pesadas rocas por medio de largas cuerdas.

Concluida la tarea, sesenta infelices se dejaron caer sobre la arena para contemplarse, sucios, desgreñados, empapados y con los ojos casi fuera de las órbitas.

—¡Que los cielos nos asistan!

—Nos han envenenado.

—¿De qué diablos hablas?

—De los vómitos. O nos han envenenado o hemos comido algo en malas condiciones.

—¡No seas estúpido! La culpa es de ese maldito vaivén que te golpea el cerebro contra la nuca y la frente. ¡En mi vida me había sentido tan enfermo!

—¡Ni yo!
—¡Ni yo!

Durmieron al raso, sin prestar atención ni a la humedad ni al frío, espatarrados, hediendo a vómitos, y despertándose a cada instante con la desagradable sensación de que el mundo aún se movía bajo sus pies.

El alba los sorprendió tan destruidos, que su comandante en jefe llegó a la lógica conclusión de que se hacía necesario concederles todo un día de reposo.

—Al fin y al cabo —musitó con apenas un hilo de voz—, el país de los *araucanos* no va a moverse de donde está.

Al caer la tarde, Rusti Cayambe se encontraba ya lo suficientemente repuesto como para tomar asiento en una roca y aguardar a que sus capitanes acudieran en busca de instrucciones.

—No cabe duda de que esa extraña enfermedad que provoca el mar es algo con lo que no habíamos contado —dijo—. Pero también está claro que, aunque tienes la impresión de que te vas a morir de un momento a otro, hasta ahora nadie ha muerto. Eso debe de querer decir que no es tan grave como parece.

—Grave no es... —admitió un hombrecillo que aún no había recuperado por completo su color natural—. Pero he visto a mi mujer vomitar de ese modo cada vez que espera un hijo, y puedo asegurar que no es algo que se cure fácilmente.

—Lo supongo... —admitió el desanimado general Saltamontes—. Pero me niego a darme por vencido por culpa de un mal que no mata.

—No creo que muerto pueda sentirme peor de lo que me sentí ayer... —puntualizó con absoluta sinceridad Pusí Pachamú—. Hubo un momento en que estuve tentado de tirarme de cabeza al mar si con ello hubiera conseguido acabar con tan espantoso tormento.

—Puede que nos acostumbremos... —aventuró sin la más mínima convicción Rusti Cayambe.

—¿Acostumbrarnos a morirnos «de a poquito»? —se escandalizó su segundo negando con firmeza—. ¡Ni hablar! Antes me acostumbraría a volar como un colibrí.

—Aun así, tendremos que volver a intentarlo.

—¡Qué remedio! Pero lo que me gustaría es tener una idea de cuánto tiempo tardaremos en llegar al país de los *araucanos*.

Trasladaron la pregunta al cacique de los *aymará*, que se limitó a observar a sus interlocutores con tan desconcertada expresión que cabía imaginar que en realidad era él quien aguardaba una aclaración al respecto.

—Nunca había oído hablar de los *araucanos*... —admitió con absoluta sinceridad—. Y por lo tanto no tengo ni la menor idea de dónde se encuentra su país, si es que existe.

—¡Pues sí que estamos buenos!

—Se encuentra hacia el sur.

—Hacia allá nos dirigimos... —admitió el «marino»—. Aunque por mi parte preferiría que nos dirigiéramos al norte, puesto que es hacia allí hacia donde nos empuja la corriente.

—¿Corriente? —se alarmó el general Saltamontes—. ¿Qué es eso de corriente? ¿De qué demonios hablas?

—De que me he dado cuenta de que el mar no sólo se mueve arriba y abajo y de un lado a otro... Es como si un río poco caudaloso corriera en dirección contraria a la que llevamos, y eso dificulta la marcha.

—¿Estás seguro?

El aludido, que pese a su corta estatura e insignificante apariencia respondía al casi impronunciable nombre de Pucayachacamic, se limitó a encogerse de hombros con la inequívoca actitud de quien no está seguro de nada.

—Ésa es mi impresión, y mis compañeros piensan lo mismo.

—¿Ocurre en el Titicaca?

—En algunas partes y solamente en determinadas épocas del año, pero nada comparable a lo de aquí... —Hizo una corta pausa y concluyó por inquirir con cierta timidez—: ¿Por qué no aprovechamos la corriente y nos dirigimos hacia el norte?

—Porque el país de los *araucanos* se encuentra hacia el sur, ya te lo he dicho.

—¡Lástima!

Se alejó hacia donde sus subordinados se encontraban reunidos en torno a una pequeña hoguera, y Rusti Cayambe le siguió con la mirada para acabar por agitar la cabeza como si no pudiera dar crédito a lo que acababa de oír.

—¡Al norte! —exclamó malhumorado—. Los *araucanos* viven al sur, y ese animal pretende que vayamos en dirección opuesta... ¿Quién me mandaría meterme en esto? —se lamentó una vez más—. ¿Quién?

La significativa mirada que le dirigieron la mayor parte de sus capitanes le hizo comprender que ellos sí que sabían quién les había mandado meterse en un berenjenal del que no tenían la más remota idea de cómo podrían escapar.

Nadie había estado nunca tan fuera de lugar como aquel puñado de soldados de alta montaña sentados sobre las arenas del desierto a la orilla de un infinito océano, y resultaba evidente que la mayor parte de ellos hubieran dado muy a gusto un año de vida con tal de dar media vuelta y regresar, a pie, a sus hogares.

Sin embargo, eran hombres disciplinados y orgullosos de pertenecer a un ejército que lucía en sus escudos la estilizada silueta de un saltamontes, por lo que estaban dispuestos a afrontarlo todo, incluido el mareo, con tal de no decepcionar a sus superiores.

Al amanecer del día siguiente embarcaron de nuevo.

Las naves hedían.

Construidas a base de juncos unidos entre sí, los vómitos se habían introducido entre las junturas, con lo que el calor de todo un día al sol traía aparejado que una insoportable pestilencia a bilis y alimentos a medio digerir ascendiese desde las entrañas mismas de las infraestructuras, contribuyendo a revolver unos estómagos que aún no habían conseguido serenarse por completo.

La navegación se convertía de ese modo en un auténtico martirio.

Tumbados aquí y allá, medio centenar de hombres «morían de a poquito», incapaces la mayoría de ellos de evitar que conmovedores lamentos surgidos de lo más profundo de las entrañas se les escapasen cada vez que la nave ascendía hasta la cresta de una ola para volver a caer con un tétrico crujido.

¡El cielo nos asista!

Y lo peor de todo estribaba en la evidencia de que apenas progresaban.

Una tortuga coja que se arrastrara por la lejana orilla avanzaba mucho más aprisa que aquel triste grupo de embarcaciones que en ocasiones se diría que retrocedían empujadas por una suave pero insistente corriente que llegando desde el polo sur corría a todo lo largo de la costa del continente buscando las aguas cálidas de la línea ecuatorial.

Un dicho popular cuzqueño aseguraba que la ignorancia es la madre de la mayor parte de las desgracias, y este caso particular del viejo refrán parecía estarse cumpliendo a pies juntillas, puesto que el absoluto desconocimiento que aquellos hombres tenían de cuanto se refería al mar los había conducido a una lamentable situación que se sentían absolutamente incapaces de encarar.

Por fortuna, al quinto día las aguas se calmaron, las naves, que eran poco más que pedazos de corcho flotando casi milagrosamente, cesaron de bailotear como enloquecidas y las cabezas, y muy en especial los estómagos, recuperaron poco a poco su estado habitual.

A media tarde los más animosos incluso comenzaron a remar.

Avanzaban.

Se podría considerar casi un milagro, pero lo cierto era que con la llegada del buen tiempo consiguieron vencer la fuerza de la corriente, que a decir verdad no era en absoluto excesiva, e iniciaron un lento pero evidente progreso en su andadura.

Al contemplar los picachos de una imponente cordillera que allí parecía no tener límites, Rusti Cayambe se afianzó en la idea de que, pese a los malos ratos que estaban pasando y los problemas que sin duda entrañaba el complicado arte de la navegación, el camino del mar era sin duda mucho más práctico que el de subir y bajar montañas o atravesar ardientes desiertos. Evocó con horror la ocasión en que se vio obligado a permanecer cinco días refugiado bajo un saliente de roca mientras sobre su cabeza rugía una tormenta de arena, sudando a mares y sin apenas unos sorbos de agua con los que subsistir, y llegó a la conclusión de que el hedor a vómitos y la angustia del mareo apenas significaban nada frente a tan amarga experiencia.

La sed constituía a su modo de ver el peor de los martirios imaginables, y aún acudían a su mente las terribles alucinaciones que le provocó durante aquellos nefastos días, así como las pesadillas que solían asaltarle luego durante años, y en las que casi siempre se despertaba angustiado y sudoroso.

La sola idea de tener que adentrarse de nuevo en aquel infierno le producía escalofríos.

Ahora, jornada tras jornada, las costas del desierto de Atacama se deslizaban a lo lejos, semiocultas tras una densa bruma que lo transformaba en irreal, y cuando en un par de ocasiones decidieron saltar a tierra a la espera de que un mar en exceso agitado se calmase, se reafirmó en su creencia de que aquél era sin duda el lugar más triste y desolado del planeta.

No era de extrañar, por tanto, que existiese una diferencia tan abismal entre el refinamiento de la adelantada cultura incaica y el salvajismo de los *araucanos*, puesto que infranqueables accidentes geográficos habían impedido durante siglos todo contacto entre ambos pueblos.

Desde mucho tiempo atrás, los Emperadores se habían propuesto que ese estado de cosas cambiara, pero resultaba evidente que aquella inabordable barrera natural continuaba estando allí, y seguiría estándolo hasta el fin de los siglos.

El mar parecía ser, por tanto, el camino más idóneo, pero pese a ello Rusti Cayambe abrigaba el absoluto convencimiento de que un intento de conquista en toda regla por medio de naves como las que estaban utilizando se convertiría en un auténtico desastre.

Si desplazar al medio centenar de veteranos de su pequeña expedición estaba resultando una empresa harto compleja y repleta de incertidumbres, no quería ni imaginar lo que significaría intentarlo con todo un ejército de tropas regulares y sus ingentes fardos de absurda parafernalia.

A su modo de ver tendría que llegar un tiempo en el que al fin los Emperadores se tomasen en serio la posibilidad de dominar los mares, dedicando hombres y esfuerzo a la tarea de diseñar embarcaciones capaces de adentrarse en ellos, pero cada día que pasaba se hacía más y más evidente que las frágiles balsas de *totóra* del tranquilo lago Titicaca no eran en absoluto las más idóneas para tan arriesgado empeño.

Durante siglos, unas resistentes *cabuyas* que se obtenían de la fibra interior de un cactus muy abundante en las llanuras de las tierras altas, y que unían los juncos entre sí, habían cumplido su tarea a la perfección en aguas dulces y tranquilas, pero ahora la acción corrosiva de la sal y el continuo vaivén del oleaje las iba minando a ojos vista, hasta el punto de que a las dos semanas de la partida las primeras ligaduras comenzaron a ceder.

De pronto, un caluroso mediodía en el que por fortuna el mar se encontraba especialmente tranquilo, la *Reina Alia*, que marchaba en tercera posición, comenzó a deshacerse como si se tratara de un pedazo de pan arrojado a un río, abriéndose y desparramándose bajo los pies de sus tripulantes, que comenzaron a lanzar gritos de espanto.

Las restantes embarcaciones acudieron de inmediato en su auxilio, consiguiendo rescatarlos antes de que la antaño altiva nave se transformara en un simple montón de cañas y cuerdas que flotaba a la deriva, pero armas y bagajes se fueron de inmediato al fondo del océano, mostrando con toda nitidez el camino que habrían de seguir más pronto que tarde las naves que aún se mantenían a flote.

Pasado el susto, y con todos los hombres repartidos entre los cuatro barcos que aún permanecían intactos, Rusti Cayambe se volvió a Pucayachacamic, en demanda de una explicación a lo ocurrido, pero el hombrecillo se limitó a encogerse de hombros una vez más.

—Puede que se trate de un defecto de construcción... —puntualizó—. Pero me temo que pasará lo mismo con todas... —Mostró un pedazo de cuerda que partió con un simple tirón—. Para cortarla en tierra necesitaba un cuchillo bien afilado... —dijo—. Ahora está podrida.

—¿Cuánto tiempo nos mantendremos a flote?

—Un día... ¡Tal vez dos! No puedo saberlo. Esta agua es muy distinta.

—¿Afecta a la *totóra*?

—No. La *totóra* resiste. Son las ataduras las que sufren con este continuo movimiento, arriba y abajo, a un lado y a otro, y con la sal metiéndose entre las fibras... ¡No es lo mismo que en el lago! —repitió machacón—. ¡No es lo mismo!

Rusti Cayambe no pudo por menos que admitir que le asistía toda la razón, y que a pesar de que, según le habían contado, el océano no era, a decir verdad, más que un gigantesco lago de agua salada, nada tenía que ver el tranquilo y frío ambiente del Titicaca con la feroz agresividad del paisaje que ahora los rodeaba.

Tomó asiento a proa, observó la lejana costa y trató de hacerse una idea de a qué distancia se encontraban del punto de partida.

Era mucho el camino que habían recorrido, pero no tenía forma alguna de calcular cuánto, puesto que no creía que existiera una fórmula válida a la hora de trasladar cada jornada de navegación a su equivalente en jornadas a pie a través del desierto.

Estaban lejos de casa, muy lejos, pero también parecían estar muy lejos del país de los *araucanos*, lo cual significaba que su aventura presentaba todos los visos de constituir el más rotundo de los fracasos.

Volvió la vista atrás para comprobar una vez más que la *Reina Alia* se había transformado en un montón de desperdigados juncos que marchaban ahora a la deriva en todas direcciones y le asaltó la dolorosa sensación de que sus sueños de gloria se deshacían de igual modo, devorados por un océano invencible.

Acudieron a su mente las figuras de hielo que su padre solía hacer en los días en que el frío arreciaba allá en el Urubamba, y recordó de igual modo cómo comenzaba a gotear y a perder sus hermosos contornos en cuanto el sol del mediodía conseguía atravesar el espeso manto de nubes.

De igual modo, las altivas naves empezaban a dejar de parecer altivas naves, los soldados, soldados, e incluso él mismo ya no recordaba en absoluto a un glorioso general sino que más bien recordaba a un mísero paria a punto de transformarse en náufrago.

Se escuchó un leve crujido, y una nueva cuerda saltó.

La *Tunguragua* se ensanchó un poco más, espatarrándose.

Rusti Cayambe se mordió los labios aceptando con aparente resignación la derrota, y al poco alzó el rostro hacia el expectante Pucayachacamic.

—Volvamos a tierra —dijo—. Esto se acabó.

—¿Cómo te llamas?

—Quisquis, mi señor.

—¿Eres uno de los capitanes del general Saltamontes?

—Así es, mi señor.

—¿Y dónde está él?

—Continuó hacia el sur en busca de las tierras se los *araucanos*, mi señor.

—Tan cabezota como siempre. Cuéntame lo que ocurrió.

—A las dos semanas de partir, y cuando nos encontrábamos justo frente al desierto de Atacama, las naves de deshicieron por completo.

—¿Cómo que se deshicieron? —se asombró el Emperador—. ¿Qué quieres decir con eso de que «se deshicieron»?

—Que entre el movimiento del mar y la sal se rompieron las *cabuyas*, con lo que al poco los juncos flotaban cada uno por su lado, mi señor.

El Emperador agitó una y otra vez la cabeza con gesto negativo.

—¡Ya me parecía a mí que eso de la sal no era buena cosa! ¿Cuántos murieron?

—No hubo víctimas, mi señor. El general ordenó desembarcar y me envió de regreso para proteger a los *aymará* mientras proseguía el viaje a pie.

—Muy propio de él. ¿A qué distancia quedaba la tierra de los *araucanos*?

—No lo sabemos, mi señor. Ese desierto parece infinito, y a sus espaldas las montañas son tan altas y tan agrestes como no he visto nunca.

—¿Avistasteis por lo menos el Aconcagua?

—No, mi señor.

—¿Estás seguro?

—Completamente, mi señor. Los que conocen la zona aseguran que es el pico más alto del mundo, y aunque la mayoría eran muy altos, no divisé ninguno que superara al resto.

—Tal vez no se viera desde el mar.

—Tal vez, mi señor.

—¡Bien!... ¿Cuánto tiempo has tardado en regresar?

—Dos meses y medio, mi señor. El calor y la sed nos obligaban a avanzar casi siempre de noche.

—¡Entiendo! —El Emperador hizo un leve gesto de despedida con la mano para añadir—: ¡Puedes retirarte! Aunque la expedición resulte un fracaso, has cumplido fielmente con tu obligación, por lo que serás recompensado con tres esclavos.

—¡Gracias, mi señor!

El capitán abandonó la estancia, siempre de espaldas y con los ojos clavados en el suelo, y al poco el Emperador se volvió al maestro de ceremonias, que era el único testigo de la entrevista.

—¿Qué opinas? —quiso saber.

—Que lamentaré sinceramente la pérdida de Rusti Cayambe, mi señor, pero a decir verdad no me sorprende que semejante aventura haya concluido en desastre.

—Aún no ha concluido.

—No. En efecto; aún no ha concluido, pero... ¿qué esperanzas de regreso tiene si se ha adentrado con tan escasas fuerzas en territorio enemigo? Los *araucanos* son gente salvaje y despiadada y caerán sobre él como un jaguar rabioso.

—El general es un hombre de recursos.

—Eso espero, mi señor. Eso espero, aunque a decir verdad no confío demasiado en su suerte...

Cuando la reina Alia tuvo conocimiento de las malas nuevas por boca de su esposo, se sintió profundamente abatida.

—¡Sangay no resistirá un golpe semejante! —murmuró consternada.

—¡Pues tendrá que mostrarse firme! —fue la respuesta—. Es una princesa, y como tal debe hacer frente a las adversidades.

—¡Es que le quiere tanto!...

—Todos le queremos y lamentamos lo ocurrido, pero no debemos olvidar que era un militar empeñado en una difícil misión y por lo tanto estaba expuesto a graves peligros.

—Debió pensar en su mujer y su hija y regresar.

—¿Fracasado?... —se sorprendió su esposo—. ¡Poco le conoces!

—Tal vez tengas razón: poco le conozco, y en verdad prefiero no conocer bien a quien antepone su orgullo a su familia.

—¿Tienes idea de lo que hubiera significado volver derrotado? —quiso saber el Emperador en tono de reconvención—. El final de su carrera, la vergüenza pública, y dar la razón a quienes me advirtieron que no debía confiar en él. También tú tenías razón, ya que por más que lo intento jamás conseguiré desterrar la envidia de nuestros reinos. Cuantos le aborrecen por haber subido con tanta rapidez, se alegrarán por su desgracia, pero más se alegrarían si le vieran entrar en el Cuzco humillado y hundido.

—¿Y qué importancia tiene, si continúa con vida?

—Mucha... La astucia, el honor y especialmente el valor constituyen el único bagaje que los dioses le concedieron. Si los pierde, lo ha perdido todo. Puede que esté muerto o en poder de esos salvajes, pero aún conserva lo que los dioses le otorgaron, y a mis ojos lo seguirá conservando aunque no regrese.

—¡Triste consuelo para Sangay y Tunguragua!

—Los consuelos siempre son tristes, querida. De otra forma nunca serían consuelos. Pero incluso dentro de la tristeza existen matices, y a mi modo de ver a una mujer como Sangay la consolará más perder a un héroe que recuperar a un cobarde.

—Ahora soy yo quien te debo decir ¡qué poco la conoces!, o más bien ¡qué poco conoces a las mujeres! Cuando se ama a un hombre, como Sangay ama a Rusti Cayambe, o como yo te amo a ti, lo único que importa es estar junto a él, sobre todo en los momentos de desgracia, que es cuando más te necesitan.

—En estos momentos Rusti Cayambe no necesita palabras de aliento o la compasión de una mujer, sino agallas para hacerle frente al desierto y a los *araucanos*. A pesar de ello ordenaré a los sacerdotes que celebren sacrificios a los dioses rogando por su vuelta.

—Eso te honra... —La reina observó de reojo a su esposo, meditó unos instantes y con un cierto esfuerzo inquirió—: ¿Le han dado ya la noticia a Sangay?

—Aún no.

—¿Me permites que sea yo quien se la dé?

—¿Lo estimas oportuno?

—Siempre es preferible que la reciba por medio de una persona amiga a que le llegue por medio de rumores. No creo que tarde mucho en correrse la voz de que parte de la expedición ha regresado.

—Haz lo que creas más conveniente... —señaló él—. Aunque tengo la impresión de que lo que en verdad buscas es un pretexto para ver a la niña.

—¿Y qué tiene eso de malo?

Su esposo se limitó a encogerse de hombros y a exclamar, al tiempo que abandonaba la estancia:

—¡Tú sabrás!

La reina Alia permaneció unos instantes meditando en lo que el Emperador acababa de decir, pero al fin optó por agitar una campanilla para ordenar a sus esclavas que la vistieran y alertaran a los porteadores para que la condujeran, sin llamar la atención, hasta el palacio de la princesa Sangay Chimé.

Ésta no pudo evitar demostrar su alegría en el momento en que le anunciaron su visita, pero su actitud cambió de inmediato al advertir la sombría expresión de su soberana.

—¿Ocurre algo? —quiso saber.

—Te traigo noticias de tu esposo —fue la sincera respuesta—. Buenas y malas. Las buenas, que está vivo; las malas, que decidió adentrarse, a pie, y acompañado únicamente por un reducido grupo de soldados, en territorio *araucano*.

—¡Que los dioses me protejan!
—¿A ti o a él?
—Si me protegen a mí, lo protegen a él, y si lo protegen a él, me están protegiendo a mí. Desde el día en que nos casamos somos una misma persona aunque habitemos en cuerpos diferentes.
—Lo sé, y entiendo bien lo que dices puesto que a mí me ocurre lo mismo desde el día en que nació el Emperador...
—Le acarició con afecto la mejilla—. Mi señor te envía sus respetos.
—Con humildad los recibo.
—Tanto él como yo os apreciamos en mucho, y me consta que hará cuanto esté en su mano por conseguir que Rusti Cayambe regrese sano y salvo, aunque en realidad es muy poco lo que puede hacer, salvo pedir a los dioses que le indiquen el camino.
—Cuando un dios le habla a otro dios, este último siempre suele escucharle... —sentenció Sangay Chimé.
—No estés tan segura... —fue la desabrida respuesta—. El Emperador lleva años suplicando que se nos conceda un hijo, y ya ves que hasta el presente todo ha resultado inútil.
—Pronto o tarde le escucharán, y sé que le escucharán también en mi caso, porque me niego a aceptar que mi tiempo de felicidad haya sido tan corto y porque mi hija necesita a su padre.
—¿Cómo está?
—¿Tunguragua? Preciosa. ¿Te gustaría verla?
—Si no es mucha molestia...
—¿Cómo podría constituir una molestia que mi reina me haga el honor de querer ver a mi hija? —replicó la sorprendida muchacha—. ¡Sígueme, por favor!
Pasaron a una estancia contigua, en la que una nodriza mecía en esos momentos a la criatura, que estaba realmente preciosa pese a lo enfurruñado de su expresión.
—¿Qué le ocurre? —se sorprendió la recién llegada.
—Empieza a tener hambre... —replicó Sangay Chimé un tanto incómoda—. ¿Te importa que le dé el pecho? —quiso saber.
—¡Por favor!...

La madre se acomodó entre unos cojines y, haciendo un gesto para que le entregaran a la niña, se abrió el vestido y comenzó a amamantarla, lo cual tuvo lógicamente la virtud de dulcificar su expresión.

Las dos mujeres permanecieron en silencio hasta que la discreta nodriza abandonó la habitación, y tan sólo entonces la reina se decidió a tomar asiento a su vez para inquirir con cierta timidez señalando a la niña:

—¿Qué se siente?

—Una paz muy profunda.

—¿Como si hubieses conseguido cuanto te has propuesto en esta vida?

—¡No!... —fue la firme respuesta—. Como si te encontraras en el primer peldaño de una larga escalera, y te dieras cuenta de que es ahora cuando empieza tu labor. Tener un hijo no es el fin, sino el principio, y sospecho que ser madre es una tarea que nunca concluye. Tendré que ayudarla a crecer, a dar sus primeros pasos, a convertirse en mujer, e imagino que incluso a ser madre algún día.

—¡Una gran responsabilidad!

—¡En efecto! Una gran responsabilidad, que en tu caso será aún mayor puesto que tendrás que enseñar a tu hijo a convertirse en Emperador.

—Eso es algo que cada día veo más lejano, y créeme si te digo que empiezo a desesperar... Hay quien asegura que la sangre necesita mezclarse y renovarse para que los niños nazcan sanos y fuertes...

—¡Eso no son más que habladurías!...

—Habladurías o no, me afectan y me obligan a pensar que tal vez ha llegado la hora de que nuestra estirpe reciba savia nueva aunque no provenga directamente del dios Sol.

—Eso complicaría las cosas, y lo sabes. El pueblo os respeta y os adora porque está convencido de que provenís en línea directa de Manco Cápac y Mama Ocllo, que es tanto como decir del Sol y Viracocha.

—Sin embargo, yo preferiría que nos respetaran y adoraran por nuestros propios méritos y porque el Emperador ha demostrado ser un hombre bueno y justo que se desvive por su pueblo.

—Conozco a muchos hombres buenos y justos, pero no conozco a nadie más por cuyas venas corra sangre divina... —fue la tranquila respuesta—. Y para ser Emperador hay que haber nacido Emperador.

—¿Quieres decir con eso que sentirías lo mismo por nosotros si fuéramos injustos y malvados?

—¡Nunca podríais serlo!

—No estés tan segura... —fue la extraña respuesta—. Aquellos a quienes el Emperador ha vencido y en ocasiones ajusticiado lo consideran injusto y malvado, pese a que siempre haya intentado llevarlos por el camino de la verdadera fe. Aunque cueste creerlo, prefieren continuar adorando a sus ídolos o viviendo como las bestias, y eso los obliga a odiarnos y a no aceptar nuestro origen divino.

—¿Qué se puede esperar de los salvajes?

—¡Dímelo tú! ¿Qué se puede esperar de quienes no creen que nuestra sangre se haya mantenido intacta desde el día en que acabó el diluvio? Para ellos no somos dioses, y por lo tanto no tenemos derecho a gobernar el Imperio o a decirles cuándo tienen que trabajar o cuándo deben descansar... —La reina Alia agitó una y otra vez la cabeza como si estuviera intentando desechar un mal pensamiento, y al poco continuó en idéntico tono—: ¿Nunca te has planteado la más mínima duda con respeto a nuestro origen?

—No.

—¿Por qué?

—Porque tampoco me he planteado que el día no sea día, la noche, noche, la montaña, montaña, o el río, río. La luz, los colores o los olores están ahí, y son tan auténticos como vuestra divinidad.

—¿Y qué pensarás el día en que el Emperador muera sin descendencia?

—Que el mundo habrá acabado.

—Pero no habrá acabado, Sangay... —musitó muy quedamente la reina negando una y otra vez con la cabeza—. El mundo no se acaba ni siquiera con la muerte de los dioses. Puede que se acabe una forma de entender ese mundo, pero no el mundo en sí mismo. —Hizo un gesto hacia la pequeña, que continuaba alimentándose—. Tu hija crecerá, se hará mujer y necesitará otro Emperador en el que confiar, pero dudo que lo consiga, puesto que nuestra estirpe se habrá extinguido... —Se puso en pie, se aproximó al amplio ventanal que daba al jardín y contempló la lejana silueta de la fortaleza de piedra, allá en lo alto de la ciudad. Durante un largo rato nada dijo, observada por una princesa cuyo único gesto fue el de cambiar de pecho a la niña, pero por último, y sin dejar de mirar hacia el exterior, reinició su extraño monólogo—: Mi padre me enseñó que la principal razón por la que el Incario ha progresado y se ha engrandecido se debe a que durante generaciones sus gobernantes dedicaron todo su esfuerzo e inteligencia a conquistar o administrar, sin tener que perder energías en combatir a enemigos internos. La lucha por el poder desgasta y envilece a los hombres, al tiempo que arruina a los pueblos, y lo que en verdad me asusta es que si no soy capaz de darle un hijo a mi esposo, todo cuanto se ha conseguido se perderá definitivamente.

—El Emperador vivirá muchos años.

—Los muchos años de un hombre son apenas un suspiro en la historia de una nación. De niña me enseñaron a amar al hombre junto al que deseo vivir y morir, pero también me enseñaron que por encima de él está el destino del Incario.

—Entiendo que debe de resultar muy difícil vivir siendo mitad mujer y mitad diosa... —señaló Sangay Chimé, que a cada momento se sentía más confusa—. Sé que de ahora en adelante viviré con la angustia de no saber dónde se encuentra mi esposo, y de cómo podré arreglármelas para educar sola a mi hija, pero me consta que ésos son problemas a los que muchas mujeres han tenido que enfrentarse. ¡Pero el tuyo...! —exclamó—. El tuyo se me antoja una carga insoportable. Vivir con el convencimiento de que de ti depende que los auténticos hijos del Sol continúen o no rigiendo el destino de millones de seres humanos puede acabar por volverte loca.

—¿Y crees que no lo pienso? —respondió la reina regresando a su lado para extender la mano y acariciar la mejilla de Tunguragua, que le dedicó una luminosa sonrisa—. A menudo me sorprendo a mí misma hablando sola, o cantándole canciones de cuna a un niño que se niega a nacer.

—Me duele oírte hablar así...

—Y a mí que tengas que escucharlo, pero eres quizá la única persona de este mundo con la que no me importa sincerarme... ¡Qué pequeña es! —exclamó tomando entre dos dedos la manita de la niña—. ¡Qué pequeña y qué linda!

De improviso dio media vuelta y salió de la estancia sin tan siquiera despedirse, como si el hecho de haber sentido aquel tibio contacto le hubiera provocado un dolor insoportable.

Sangay Chimé permaneció unos instantes confusa y desasosegada, sintiendo como suyo aquel dolor, pero por fin bajó la vista para clavarla en los brillantes ojos que la miraban sin apartar los labios de su pezón.

—¿De qué le sirve ser reina? —inquirió como si la criatura pudiera darle una respuesta—. ¿De qué le sirven todas sus riquezas y el poder sobre la vida y la muerte? ¿De qué le sirve que la sangre del Sol corra por sus venas? Nada de ello se puede comparar al hecho de saber que mi leche está fluyendo de mi pecho a tu boca, y el día que tu padre regrese, que sé que lo hará, te daremos un hermanito para que puedas jugar. Y ese día, ningún reino de este mundo podrá compararse al nuestro...

Al sur del desierto, el extenso país de los *araucanos* era ciertamente hermoso, con caudalosos ríos, lagos cristalinos, nevados picachos, frondosos bosques e inmensas extensiones de tierra fértil que nadie parecía tener excesivo interés en cultivar.

Rusti Cayambe lo recorrió al frente de sus hombres, librando escaramuzas aquí y allá, venciendo en ocasiones y saliendo malparado en otras, pero siempre decidido y animoso, puesto que muy pronto llegó a la conclusión de que sus desperdigados enemigos nunca se pondrían de acuerdo a la hora de unirse con el fin de aniquilar definitivamente a su reducida pero muy bien entrenada tropa.

Sus soldados aparecían y desaparecían de improviso aquí y allá, marchaban a veces a paso de carga durante días enteros o se escondían en remotos rincones en los que permanecían al acecho sin que el menor movimiento delatara su presencia, hasta el punto de que podría creerse que se habían convertido en un pequeño ejército de fantasmas, capaces de estar en tres lugares o en ninguno al mismo tiempo.

La agreste cordillera, los vírgenes bosques y su extraordinaria habilidad para escabullirse les permitió mantenerse durante largos meses sobre un territorio hostil sin sufrir más que media docena de bajas, por lo que Rusti Cayambe no tuvo ocasión de demostrar si se trataba o no de un astuto general, pero sí de evidenciar que en su pecho anidaba un escurridizo guerrillero al que cuadraba a la perfección el apelativo de Saltamontes.

Al fin, justamente el día en que se cumplía un año de su salida del Cuzco, reunió a sus hombres con el fin de transmitirles la buena nueva que tanto tiempo llevaban aguardando.

—Ya hemos visto cuanto necesitábamos ver —dijo—. Es hora de volver a casa.

Muchos se abrazaron.

Ni una sola palabra de protesta había salido nunca de sus labios, pero resultaba evidente que se encontraban agotados y ansiaban, desde meses atrás, regresar junto a los suyos.

—¿Qué camino cogeremos? —quiso saber Pusí Pachamú—. La costa o la montaña.

—¡Ninguno de los dos! —fue la firme respuesta—. Volveremos por mar.

—¿Por mar? —se aterrorizó más de uno—. ¿Cómo pretendes volver por mar si ni siquiera tenemos embarcaciones?

—Las construiremos.

—¿Y de dónde piensas sacar la *totóra*?

—Esta vez no serán de *totóra* —sentenció su superior, seguro de sí mismo—. ¡Ya está bien de *totóra*! Construiremos resistentes balsas de troncos y permitiremos que la corriente que tanto nos costaba vencer nos empuje hacia el norte...

—¿Y cómo sabes que la corriente sigue ahí?

—Porque si está el mar, está la corriente.

—¿Estás seguro? —inquirió alguien.

—No. No estoy en absoluto seguro, pero ya tendremos ocasión de comprobarlo.

—¡Al menos eres sincero! —reconoció un sonriente Pusí Pachamú—. No estás seguro de nada, pero aun así pretendes intentarlo... —Se encogió de hombros—. ¡Bien! —admitió—. Al fin y al cabo tanto da un camino como otro, y las mismas posibilidades tenemos de salir con bien. ¡Aborrezco el mar, pero se hará como tú ordenes!

Así se hizo.

Buscaron un tranquilo río en cuyas orillas crecían gruesos árboles de magnífica madera, construyeron cuatro sólidas balsas, las unieron entre sí por medio de resistentes maromas y se dejaron llevar aguas abajo hasta desembocar en un mar gris, frío y revuelto, pero que de inmediato los arrastró mansamente hacia el norte.

Fue un viaje largo, incómodo y accidentado, puesto que una agitada noche de tormenta una de las balsas se soltó y jamás volvieron a saber nada de ella, ni de sus seis ocupantes, pero al fin, entre la bruma de la costa, hizo su aparición la pequeña ensenada de la que habían partido tantísimo tiempo atrás, y en la que la minúscula guarnición que se mantenía a la espera de un milagro en el que ya nadie creía tuvo que frotarse los ojos al advertir cómo un puñado de harapientos famélicos y desgreñados se dejaba caer sobre la arena para dar gracias a los dioses entre risas y llantos.

—¡Envía al más veloz de tus hombres al Cuzco! —ordenó de inmediato Rusti Cayambe al oficial que se había quedado al mando—. Que comunique al Emperador que el general Saltamontes y catorce de sus hombres están de regreso tras haber explorado el país de los *araucanos*.

La princesa Sangay Chimé recibió la buena nueva con la naturalidad de quien ni por un solo instante ha abrigado la menor duda al respecto, y si lloró de alegría no fue por el hecho de saber que su esposo estaba vivo, sino por el hecho de saber que estaba cerca.

Su corazón jamás la había engañado, y durante aquel largo año le había estado susurrando una y otra vez que cada noche Rusti Cayambe cerraba los ojos pensando en ella y en la pequeña Tunguragua.

Y si cerraba los ojos cada noche, no cabía duda de que estaba vivo.

Y si estaba vivo, se las arreglaría para volver a casa.

Ahora volvía.

Había alcanzado los confines del Imperio, había llegado mucho más allá que ningún otro inca, y retornaba cumpliendo la promesa que le hiciera en el momento de marchar.

Tomó de la mano a su hija y acudió a postrarse ante el pequeño altar de los dioses protectores del hogar que se abría al fondo del jardín, pero al poco le llegó muy claro el cántico de la entusiasmada multitud:

> *¡Ahí viene! ¡Ahí viene!*
> *La hija del Sol,*
> *la esposa del Sol,*
> *la madre del Sol.*
>
> *¡Ahí viene! ¡Ahí viene!*
> *La luz que nos ilumina,*
> *el aire que respiramos,*
> *el calor que nos da la vida.*

Se encaminó a recibir a quien la honraba con aquella suprema muestra de amistad acudiendo a compartir con ella su alegría, y al advertir con cuánto amor la reina la estrechaba contra su pecho, llegó a la conclusión de que no podía existir en este mundo un ser que se sintiera más maravillosamente feliz de lo que ella se sentía.

—El Emperador me ha pedido que bendiga especialmente este hogar y a todos los que en él habitan... —fueron las primeras palabras de la recién llegada—. Nunca, nadie, excepto yo, naturalmente, le ha proporcionado tantos buenos ratos y tantas satisfacciones como tu esposo y tú.

—¡Me abrumas!

—Y ello me alegra... —respondió la reina con una amplia sonrisa—. Y nada me alegrará más que el hecho de que me continuéis dando razones para abrumarte con mi afecto y mi agradecimiento... Ya hemos decretado que se celebre una gran fiesta el día en que Rusti Cayambe entre en el Cuzco... Durará cinco días y cinco noches, y se permitirá que hasta los más humildes puedan beber *chicha* y mascar coca... ¡La ocasión lo merece!

Pero fue aquélla una gloriosa fiesta que jamas llegó a celebrarse.

El mismo día en que un *chasqui* acudió corriendo para notificar que el general Saltamontes y sus hombres se encontraban a tan sólo dos jornadas de marcha, el capitán de la Guardia Real acudió a arrojarse a los pies del Emperador y, tras permanecer unos instantes en silencio, como si las palabras se negaran a aflorar a sus labios, balbuceó con voz temblorosa:

—Desearía solicitar vuestro perdón, mi señor.
—¿Perdón por qué?
—Por ser portador de terribles noticias.
—¿Acaso eres culpable de algo más?
—¡No, mi señor!
—En ese caso, si la mala noticia nada tiene que ver contigo, quedas perdonado... Di lo que tengas que decir.

El pobre hombre aún dudó —se advertía que estaba sudando un sudor frío y que todo él temblaba como una hoja—, y por último, con los ojos clavados en el suelo, que casi le rozaba la frente, musitó:

—La princesa Ima tiene un amante.

Fue como si se hubiera hecho de noche de improviso, o la tierra hubiera cesado de girar. El Inca inició un gesto, pero se quedó con la mano en el aire y la mirada clavada en el vacío más absoluto, al punto que cabía imaginar que se había congelado, o que su cerebro se negaba a transmitir una sola orden al resto de su cuerpo.

El capitán de la Guardia Real ni tan siquiera osaba respirar.

El aire se negaba a descender a los pulmones del Emperador.

Su mente permaneció en blanco, fuera de este mundo, perdiendo unos instantes de su vida que jamás conseguiría recuperar.

Al fin, tras lo que podría considerarse casi una eternidad, balbuceó a su vez:

—¿Qué es lo que has dicho?
—Que vuestra hermana Ima tiene un amante, mi señor.
—¿Cómo lo sabes?
—Dos de mis hombres escucharon lamentos en el pabellón del jardín, y acudieron a inspeccionar, sorprendiéndola copulando totalmente desnuda.
—¿Estás plenamente seguro de que se trataba de la princesa?
—Desgraciadamente sí, mi señor. Intentó comprar el silencio de mis soldados con toda clase de promesas y presentes, pero sabéis que os son fieles hasta la muerte.
—¿Quién es él?

Nuevo y comprometido silencio, y nuevo temblor en la voz hasta que el desgraciado se atrevió a mascullar:

—Un esclavo, mi señor.

—¿Un esclavo? —se horrorizó el Emperador, al que hasta los gruesos muros del palacio parecían querer venírsele encima.

—¡Así es, mi señor! Un esclavo *auca*.

—¡Un esclavo *auca*! —repitió el Inca, que evidentemente continuaba negándose a que semejante pesadilla pudiera tener el menor fundamento—. ¡Un salvaje de las selvas de oriente! ¡Un bestia que está más cerca de los monos que de los propios seres humanos! ¡Me niego a creerlo!

—Si el Emperador se niega a creerlo, es que no es cierto, mi señor.

—Sí. Tienes razón. Lo que el Emperador asegura que no existe, es que no existe, ésa es la ley. Sin embargo, tus hombres afirman haber sido testigos muy directos.

—Se habrán equivocado y morirán por haber cometido tan inconcebible error, mi señor.

—¿En ese caso tampoco es cierto que la princesa haya intentado sobornarlos?

—Si el Emperador asegura que no es cierto, es que no es cierto, mi señor.

—Pero el Emperador nunca ha asegurado tal cosa... —sentenció el Inca—. Y con profundo dolor de su corazón, el Emperador acepta que su indigna hermana haya cometido el horrendo sacrilegio de permitir que la sangre de nuestro padre el Sol se mezcle con la de una bestia nacida en las tinieblas de los pantanos de la jungla.

—Si el Emperador lo acepta, significa que es cierto, mi señor.

—Tu señor desearía que al menos en esta ocasión le fuese concedido el privilegio de poder equivocarse, pero no es así. No le es dado equivocarse y, por lo tanto, mi deber como Emperador debe imponerse a cualquier otra consideración... —Hizo una corta pausa, y con voz quebrada inquirió—: ¿Cuál es el castigo a tan execrable crimen?

—La muerte, mi señor.

—La muerte, sí... —repitió cansadamente el Inca—. La

más lenta y dolorosa de las muertes que los verdugos sean capaces de infligir.

—Eso dicta la ley, mi señor.

—Lo sé, pero tambien sé que yo soy la ley viviente, y por lo tanto puedo cambiarla a mi albedrío... —Hizo una corta pausa—. Lleva al esclavo al abismo del Apurímac y arrójalo para que el río se lleve su cadáver lo más lejos posible...

—Así lo haré, mi señor.

—En cuanto a la princesa, ofrécele una copa de ponzoña y concédele de tiempo hasta el amanecer. Si cuando el primer rayo de sol haga su aparición sigue con vida, ocúpate personalmente de estrangularla.

—¿Y qué será de mí, mi señor, si he de soportar hasta mi vejez tamaña carga?

—Sal del Cuzco. Tú y tus dos hombres. Marchaos muy lejos, pero ten por seguro que si tan sólo una vez pronunciáis una sola palabra al respecto, mi venganza os perseguirá hasta los mismísimos infiernos... ¡Y ahora vete! Necesito estar solo.

El capitán abandonó la estancia arrastrándose con la cabeza gacha, hundido por el peso de su desgracia, y el Emperador permaneció durante horas como una estatua de piedra, consciente de que su última oportunidad de tener un heredero se había diluido como sal en el agua.

Su mente, programada desde el día en que acertó a hilvanar el primer pensamiento, aún se negaba a asimilar que alguien que había nacido en el seno de su propia familia, y había sido educado en unos principios en los que la preservación de la pureza de la estirpe debía anteponerse a cualquier otra consideración, pudiera haber renegado de sus orígenes.

Renunciar a su divinidad a cambio de unos fugaces instantes de placer se le antojaba inconcebible, y al recordar que el instrumento elegido había sido un salvaje que a duras penas alcanzaba la categoría de ser humano, su desconcierto rayaba en la incredulidad.

Si un cóndor se hubiera negado a volar, un pez a nadar, o la luna a hacer su aparición tras las montañas, tal vez existiera una explicación que su cerebro fuese capaz de asimilar, pero que una descendiente directa del dios Sol renunciara a la inmortalidad traicionando la confianza que en ella habían depositado generaciones de antepasados que habían construido el mayor de los imperios conocidos, no tenía a su modo de ver explicación alguna.

Que algo así pudiera haber ocurrido, le hacía dudar.

Dudar de sí mismo, de su origen y de la inmaculada sangre que corría por sus venas.

Dudar de sus antepasados, y dudar de sus dioses.

Dudar incluso de su poder, puesto que no había conseguido impedir que semejante sacrilegio tuviera lugar bajo su propio techo.

¡El pabellón del jardín!

El hermoso cenáculo al que cada amanecer acudía la reina a recibir con humildad el primer rayo de sol con la esperanza de que su amante padre se dignara permitirle concebir un hijo había sido el lugar elegido por aquel par de gusanos para ensuciar con sus babas el altar ante el que su esposa se arrodillaba.

¡Malditos! ¡Mil veces malditos!

Quizá se había equivocado y la simple muerte no bastaba.

Quizá tendría que haberse ceñido a la ley y permitir que los verdugos los torturaran durante largos días.

Quizá con un solo instante de terror no pagaban por el irremediable mal que habían causado.

¿Quién le daría ahora un hijo?

¿Quién si la reina no lo alumbraba?

—¿Es esto lo que en verdad quieres que haga?

Alzó el rostro y la descubrió de pie ante él, altiva y desafiante, con una gran copa de oro en la mano.

—¿Es así como debo morir? —insistió la recién llegada.

—¿Quién te ha dado permiso para presentarte ante mí? —quiso saber.

—La Muerte —replicó la princesa Ima con sorprendente calma—. Me espera en mis habitaciones, y me ha dado tiempo hasta el alba, pero como sé muy bien que ya es mi única dueña, tan sólo a ella necesito pedir permiso para hacer cuanto se me antoje... —hizo una corta pausa— antes del alba.

—¡Vete!

—No, hasta que me respondas... ¿Es esto en verdad lo que quieres?

—Lo es.

—¡Dichoso tú, que siempre has sabido lo que quieres! Yo nunca tuve tanta suerte. Fui concebida en el mismo vientre, hija del mismo padre, dormí en la misma cuna y, sin embargo, jamás tomé conciencia de cuál era mi lugar en esta vida.

—Se te dijo mil veces, y jamás escuchaste.

—Mil veces, sí, y demasiadas se me antojan, pues ya el primer día me rebelé sin siquiera saberlo...

De improviso extrajo de un pliegue de su túnica un diminuto y afilado cuchillo con el que se hizo un profundo corte en la muñeca, permitiendo que la sangre empapara su mano y escurriera hasta el suelo.

—¡Mira mi sangre! —exclamó—. Obsérvala bien porque es exactamente igual que la tuya, pero me temo que también es igual que la de miles de hombres y mujeres. E igual que la de aquel a quien amo... —negó una y otra vez con determinación—. ¡No es sangre de dioses! —añadió—. No es más que sangre.

—¡Calla! ¡No añadas la blasfemia a tus crímenes!

—¿Crímenes, dices? —inquirió sorprendida—. ¿Crimen amar a quien sí considero realmente un semidiós por su belleza y su ternura? ¿Crimen querer ser mujer y ser madre como nuestros antepasados ordenaron? ¿Crimen no aceptar que algún día me uses y me tires como tiras cada noche tus ropas? Si en verdad son ésos mis crímenes, moriré a gusto por ellos.

—Vete entonces a morirte a otra parte.

—No te inquietes, lo haré. Cuando al fin apure hasta el fondo el contenido de esta copa no quiero ver tu rostro siempre hostil o indiferente. No quiero escuchar tu voz, ni sentir tu presencia. Quiero cerrar los ojos y evocar el rostro de mi amado, escuchar su voz, aspirar su olor y sentir el contacto de su cuerpo... Quiero morir en paz, y donde tú estés nunca anidará la paz.

—La paz anida aquí en mi pecho, donde lleva anidando

muchos años —le replicó su hermano sin rencor ni amargura—. Y lo sé porque anida junto al amor que siento por mi esposa. Que tú no hayas sabido verlo, es otra cosa. Jamás te miré con hostilidad o indiferencia, no te confundas. Tal vez fuera desconcierto, eso sí que no puedo negarlo. Quizá me preguntaba por qué estabas siempre allí como eterna amenaza a una felicidad que ninguna otra nube amenazaba. Tu constante presencia me recordaba que tal vez algún día tendría que fingir que te deseaba, cuando yo sé muy bien que jamás podré desear más que a tu hermana.

—¿Y por qué tenía yo que soportarlo?
—Naciste para eso.
—¿Quién lo dijo?
—Tu sangre.
—Pues reniego de mi sangre.
—Demasiado tarde. Es tu sangre la que reniega de ti, y ten por seguro que nuestro padre el Sol ya no te acogerá en su seno. Pasarás el resto de la eternidad entre hielos eternos, allí donde el corazón se congela y los condenados vagan a través del páramo barrido por el viento. Se nos concedió el supremo don de propiciar la vida a través de la luz y el calor del día, pero tú elegiste hundirte en la degradación protegida por las sombras de la noche...

—El verdadero amor no distingue entre la noche o el día. Y no creo que seas tú quien decida dónde he de pasar el resto de la eternidad. Tu poder sobre mí concluirá en el momento mismo en que apure este brebaje, porque yo sé muy bien que no eres un dios, sino tan sólo un hombre. ¿Y sabes por qué lo sé? Porque pese a ser tu hermana, y pese a que toda mi vida me han alabado como a una diosa, siempre tuve muy claro que no soy más que un pobre ser humano... ¡Recuérdalo! Eres como todos, morirás como todos, y tu alabado padre el Sol lo único que hará por ti será secar tu piel y calcinar tus huesos.

Salió tal como había llegado, como una sombra silenciosa, dejando a su hermano y señor hundido y destrozado.

La súbita y poco aclarada muerte de la princesa Ima sumió al Imperio en el más profundo desconcierto.

Al dolor siguió el estupor y más tarde temor a que con su desaparición se perdiera toda esperanza de continuidad sucesoria, puesto que para nadie constituía un secreto el hecho de que el verdadero papel de la difunta había sido siempre el de mantenerse en un segundo plano a la espera del día en que tuviera que asumir las funciones de progenitora del futuro Emperador.

A decir verdad, pocos lloraron a la princesa Ima, pero muchos lloraron por el hijo de su vientre que ya nunca vería la luz.

Un pueblo sin un descendiente del dios Sol sentado en el trono era un pueblo perdido y condenado.

Al menos eso era lo que se les había venido repitiendo generación tras generación.

Algunos habían abrigado tiempo atrás la esperanza de que un hijo del Emperador y la admirada princesa Sangay Chimé pudiera cumplir los requisitos mínimos exigidos a la hora de regir los destinos del Incario, pero ya ni tan siquiera esa posibilidad cabía plantearse, puesto que resultaba evidente que había dejado de ser virgen, lo cual significaba que nunca podría aspirar a convertirse en reina.

El círculo se iba estrechando.

Las opciones se reducían de forma harto alarmante.

Si la reina Alia no volvía a concebir, o si, lo que aún era peor, abortaba de nuevo, el caos se apoderaría de un Imperio que había logrado sobrevivir durante más de trescientos años.

Y precisamente era esa misma reina quien con más intensidad había acusado el terrible golpe que significaba la muerte de su hermana.

Y es que ella sabía la verdad.

La supo desde el momento mismo en que la vio tendida en el lecho, pálida y serena, pero con la mano y la túnica empapadas en sangre, y aunque su hermano, esposo y señor, intentó por unos instantes confundirla, le conocía demasiado como para ignorar que cuanto allí había ocurrido era obra suya.

—¿Por qué? —quiso saber.

—Tenía un amante.

Su reacción fue hasta cierto punto desconcertante, puesto que tras meditar unos instantes inquirió en tono de reproche:

—¿Y por qué me has amado tanto? ¿Por qué no has sido capaz de dejar un hueco para ella en tu corazón? Uno pequeño, pero lo suficientemente grande como para haberle permitido compartir tu lecho sin sentirse rechazada. Te hubiera dado gustosamente un hijo; ese heredero con el que todos soñamos y que a mí se me niega... ¡Señor, señor! —sollozó—. ¡Qué injusto puedes llegar a ser! ¡Qué injusto incluso cuando decides derramar felicidad a manos llenas! ¡Yo no necesitaba tanto! Nunca he necesitado tanto...

—Su amante era un salvaje... Un *auca*...

—¿Cómo puedes hablar de salvajes ante el cadáver de una hermana a la que has hecho asesinar? —fue la agria respuesta—. Si hasta las alimañas respetan a sus compañeros de camada, tanto más un salvaje... —Agitó la cabeza con profundo pesar y casi con un hilo de voz musitó—: ¿A qué abominables extremos nos está conduciendo esta loca obsesión por mantener tan pura nuestra sangre? ¿Hasta dónde seremos capaces de llegar por aferrarnos al poder?

—No son ansias de poder.

—¿Ah, no? ¿Qué es entonces?

—Respeto a un mandato divino.

—¿Te han ordenado los dioses que ejecutes a nuestra hermana? ¿Te han susurrado al oído que acabes con la vida de una infeliz que lo único que pretendía era sentirse amada? ¡Me niego a aceptarlo!

—Pues tienes que aceptarlo porque es la ley, y fuiste tú quien me la enseñó cuando apenas balbuceaba. Tú me educaste para ser como soy, y no tienes derecho a culparme ahora por seguir unas normas que no impuse... —Hizo un leve gesto hacia el pálido cadáver—. ¿Crees que me siento feliz por lo ocurrido? ¿Crees que mi corazón no se ha roto en mil pedazos? Me duelen los ojos de no poder llorar, porque tú me enseñaste que los Emperadores no lloran. Me duele la garganta de no poder gritar, porque tú me enseñaste que los Emperadores no gritan. Y me duele el alma de no poder sentir arrepentimiento, porque tú me enseñaste que los Emperadores nunca deben arrepentirse por lo que han hecho.

—¡Lo siento!

—¿Y qué es lo que sientes? ¿Lo ocurrido, o haberme convertido en lo que soy?

—Supongo que siento haberte convertido en lo que eres, puesto que es por ello por lo que ha sucedido todo. Nunca quise llegar a estos extremos —puntualizó—. También fui yo la primera en tomar en brazos a Ima cuando nació, y esa sangre que ves ahí es la misma que corre por nuestras venas. ¡Sangre del Sol, según tú!

—Según yo, no... —protestó él—. Según tú...

—¡Según quien sea! —fue la cansada respuesta.

Durante un largo rato permanecieron en silencio, velando el cadáver con el desconcierto o el estupor propio de quien aún no acaba de aceptar que un ser que el día anterior hablaba y respiraba se había convertido en un pedazo de carne fría e inerte.

Por fin la reina señaló con voz quebrada:

—En cuanto se celebren los funerales me retiraré al Templo de las Vírgenes. Necesito reflexionar sobre cuanto ha sucedido, y necesito, sobre todo, replantear nuestras vidas, porque de lo contrario esta obsesión me acabará destrozando.

—¿Y qué será de mí?

—No lo sé, pero empiezo a creer que ha llegado el momento de que nos acostumbremos a vivir el uno sin el otro... —Le miró a los ojos—. ¿Nunca te has detenido a pensar que no nos hemos separado ni un solo día en todos estos años? ¡Ni uno solo!

—Tampoco he dejado de respirar ni un solo día. Ni de comer, beber o dormir... Y sé que podría pasarme sin comer, beber o dormir... ¡Incluso tal vez sin respirar!... Pero jamás podría pasarme sin verte.

—¡Pues ya va siendo hora de que empieces a hacerlo!... —replicó ella al tiempo que abandonaba la estancia—. ¡Ya va siendo hora!

Los meses que siguieron fueron terribles, puesto que cabría asegurar que el temible Cóndor Negro había extendido sus alas de una punta a otra del Incario.

El Emperador vagaba como alma en pena por los fríos salones de palacio buscando a su amada en cada rincón, o dejaba pasar las horas en el Jardín de Poniente, allí donde nada era natural, puesto que desde los árboles hasta las flores, pasando por infinidad de figuras de animales, todo estaba meticulosamente tallado en un oro muy fino que devolvía multiplicados los rayos del sol del atardecer.

Aquel inimitable jardín, que cientos de orfebres habían tardado casi medio siglo en concluir, constituía sin lugar a dudas la más fabulosa demostración de riqueza y poderío que ningún soberano del planeta hubiese exhibido a lo largo de la historia, pero para el Emperador, que había crecido jugando al escondite entre sus parterres, o disparando su honda contra los pájaros con ojos de esmeraldas que se posaban en sus ramas, no era más que uno de los tantos lugares de recreo que acostumbraban a sumirle, con demasiada frecuencia, en la nostalgia.

Por aquel jardín, dio sus primeros pasos cogido de la mano de su hermana.

Sentado en aquel jardín, admiró por primera vez la firmeza de los pechos de su hermana.

A la luz de la luna de verano de aquel jardín, amó cientos de veces a su hermana.

¡Su hermana, su maestra, su amiga, su esposa, su consejera, su amante...!

Y las seis le habían abandonado al mismo tiempo.

Acostumbrado a buscar a una u otra según el día, según las horas, o según el estado de ánimo en que se encontrara, de improviso se había quedado huérfano de todas ellas, por lo que su existencia se había convertido en un erial tan desolado como el mismísimo desierto de Atacama.

¿Qué le había quedado aparte de un jardín de oro, diez palacios, veinte ciudades, más de mil pueblos y cuatro millones de súbditos?

¿De qué le servían sus ejércitos, sus fortalezas o sus templos, si la voz que tanto necesitaba escuchar no resonaba en sus oídos?

¿De qué le valían los incontables rebaños de llamas, alpacas o vicuñas, si los ojos que le tenían que mirar no le miraban?

¿Qué obtenía con haber nacido hijo del Sol si la luz de la luna no alumbraba la desnudez que tanto ansiaba?

Fueron tiempos terribles.

Si el Emperador sufría, el Imperio sufría.

Si el Emperador rugía, el Imperio temblaba.

Y aunque de sus labios no surgiera ni siquiera un lamento, todos sabían que el corazón de su señor estaba rugiendo.

—¿Qué podemos hacer por él? —quiso saber Rusti Cayambe cuando al cabo de casi medio año resultó evidente que la situación no presentaba trazas de mejorar.

—Nada... —fue la convencida respuesta de su esposa—. Lo único que no se le puede demostrar al Inca es compasión. Si le traicionas, le ofendes o le faltas al respeto te convertirá en *runantinya* o tal vez, con muchísima suerte, te perdonará, pero si le demuestras compasión al hijo de un dios, estarás condenado para siempre.

—¿Por qué?

—Porque los poderosos y los dioses son así. Compadecerlos significa obligarlos a descender de su pedestal, y eso sí que no admite perdón. En estos momentos es mejor dejarle tranquilo.

—¡Pero se está consumiendo!

—Lo sé, pero la única que puede hacerle reaccionar es la reina. Intentaré que me escuche.

La reina Alia accedió a recibir a su amiga de siempre en la diminuta celda del Templo de las Ñustas en que permanecía recluida, y que por todo mobiliario no contaba más que con una manta extendida sobre el frío suelo y con una mísera escudilla en la que le servían dos veces al día unas simples gachas de maíz.

—¿Por qué haces esto? —quiso saber la impresionada Sangay Chimé acomodándose a su lado—. ¿Por qué pones en peligro tu salud y con ello la felicidad y el futuro de millones de seres que te aman?

—Porque necesito fortalecer mi espíritu... —fue la calmada respuesta acompañada de una casi imperceptible sonrisa—. Y de paso mi cuerpo... —añadió—. Toda una vida de lujos, comodidades y abundancia no han dado el fruto apetecido, porque tal vez yo sea como esos cactus a los que el exceso de agua pudre las raíces. La mayoría de las mujeres del pueblo comen lo justo, duermen en el suelo, pasan frío y traen al mundo hermosos niños... ¿Por qué he de ser yo diferente?

—¿Porque tú eres la reina?

—¡Te equivocas!... No soy la reina; soy el zángano. Millones de abejas trabajan de sol a sol con la esperanza de que yo haga mi trabajo aportando la descendencia, pero yo nada aporto.

—¡Te martirizas en exceso, y eso no es bueno! Ni para ti ni para el Emperador, que vaga como alma en pena... Si me permites que le hable a la amiga, y no a la reina, te diré que a mi modo de ver tu obligación es regresar junto a tu esposo, amarle apasionadamente cada noche y esperar, con calma, a que la naturaleza haga el resto.

—¡Fácil resulta decirlo para quien parió a los nueve meses de casarse! —puntualizó su interlocutora sin poder evitar en esta ocasión una ancha sonrisa—. Y lo que en verdad me sorprende es no verte nuevamente embarazada.

—Ni volverás a verme hasta que tengas a tu hijo en brazos.

—¿A qué te refieres?

—A que las mujeres hemos hecho una promesa: ningún niño volverá a nacer en el Cuzco hasta que haya nacido el nuevo Emperador.
—¡Pero qué estupidez es ésa! —se alarmó la reina—. ¿A quién se le ha ocurrido?
—A todas y a ninguna —fue la tranquila respuesta—. Lo único que pretendemos es presionar a los dioses.
—Los dioses nunca se dejan presionar... —le hizo ver la otra—. Lo sé muy bien puesto que mi vida ha transcurrido entre dos de ellos: mi padre y mi esposo.
—No me refería a esa clase de dioses. Me refería a los dioses de la fertilidad, que por lo visto son demasiado traviesos puesto que se complacen en preñar a la pobre muchacha que preferiría casarse luciendo las blancas sandalias de la virginidad, mientras se niegan a escuchar a quien con más fervor se lo suplica
—¡Se me antoja una chiquillada, y ordeno que no se siga adelante con semejante tontería! El Incario necesita hombres que el día de mañana gobiernen y lo engrandezcan. Es más que posible que yo nunca tenga un hijo, y eso haría que se perdiese toda una generación.
—Lo que está claro es que jamás conseguirás tener un hijo mientras continúes aquí... —sentenció la princesa Sangay Chimé señalando con un amplio ademán la diminuta estancia—. El Templo de las Vírgenes, en el que no ha puesto los pies un solo hombre en doscientos años, no es a mi modo de ver el lugar ideal para quedarse embarazada... ¡Vuelve junto a tu esposo, calienta su cama, alegra su corazón y haz feliz a tu pueblo!
—Aún no estoy preparada.
—¿Qué más necesitas?
—La muerte de Ima está aún demasiado cercana. Aunque quizá nunca supe demostrárselo, yo la quería...
—Lo sé.
—Tú sí, pero me temo que ella no.
—¿Qué te hace pensar eso?
—La forma en que murió. Si yo no hubiera estado siempre tan dedicada en cuerpo y alma al Emperador, habría sabido darle un poco del amor que tanto necesitaba.

—¿Es por eso por lo que te castigas? —quiso saber la princesa—. Si es así te diré que estás añadiendo un error a tu error, puesto que con tu actitud castigas a millones de inocentes que se sienten abandonados. El pueblo necesita un espejo en que mirarse: el de sus soberanos, que los dirigen y los protegen. Pero ahora, con su reina enclaustrada y su Emperador desorientado, no sabe adónde volver los ojos, puesto que jamás le enseñaron a valerse por sí mismo. —Le aferró con fuerza las manos, y su voz sonó casi agresiva al añadir—: Si en verdad crees que te equivocaste, paga por ello, pero no obligues a pagar tu deuda a los demás.

—¿Crees que ésta es forma de hablarle a tu reina?

—¡En absoluto, mi señora! Pero sí creo que es la forma de hablarle a una amiga, y lo cierto es que aquí, en este cuartucho miserable, puedo ver a una amiga, pero nunca a una reina.

—Si no te quisiera tanto te mandaría azotar.

—¡Hazlo si te apetece, pero no creas que por ello evitarás que te diga lo que pienso!

—¡No hace falta que lo jures! A ti no te hacen callar ni cosiéndote los labios... ¡Está bien! —concluyó—. ¡Meditaré sobre cuanto me has dicho!

—¿Cuánto tiempo?

—¡No lo sé! ¡No me atosigues!

—¿Volverá?... —inquirió ansiosamente Rusti Cayambe en el momento mismo en que su esposa hizo su aparición en la amplia terraza en que se encontraba jugando con Tunguragua a hacer girar grandes trompos de colores.

—¡Volverá!

—¿Cuándo?

—Eso sí que no sabría decírtelo... —replicó ella sin poder evitar encogerse de hombros—. Se encuentra muy confundida, puesto que, tal como imaginaba, algo terrible se esconde tras la desaparición de la princesa Ima. Si realmente su muerte se hubiera debido a causas naturales, la reina debería estar triste, pero no creo que tuviera por qué sentirse culpable.

—¿Culpable?... —se sorprendió él—. ¿Culpable de qué?

—¿Y cómo quieres que lo sepa? —protestó ella—. El sentimiento de culpabilidad suele ser propio y exclusivo de cada persona. He oído decir que los montañeses ni siquiera experimentan el menor remordimiento cuando violan, incendian o asesinan. También puede ocurrir que la reina únicamente se sienta aplastada por el peso de sus responsabilidades.

—Y no es para menos... —sentenció su esposo—. Uno de mis capitanes acaba de regresar de Cajamarca y me ha contado que el gobernador está consultando a sus consejeros sobre la conveniencia de dejar de someterse al poder central en el caso de que la línea sucesoria no se encuentre perfectamente definida... Y si una provincia consigue independizarse, todas querrán seguir su ejemplo.

—Eso significaría la desmembración del Imperio, el caos, y probablemente una guerra civil de incalculables consecuencias —admitió la princesa con la naturalidad de quien da algo por sobreentendido—. La reina lo sabe, y sabe también que las ambiciones que llevan siglos aletargadas comienzan a florecer como la semilla enterrada a la que empapa el agua.

—¿Y qué podemos hacer?

—Rezar.

—¿Eso es todo? —se escandalizó Rusti Cayambe—. ¿El Incario amenaza con desintegrarse, y lo único que podemos hacer es rezar? ¡Me niego a aceptarlo!

—¿Y qué otra cosa se te ocurre? —inquirió su esposa al tiempo que tomaba a la niña en brazos puesto que se estaba quedando adormilada con la cabeza apoyada contra el muro—. Si el dios de la Guerra despertara y nos invadieran los *chancas*, que siempre han demostrado ser nuestros más encarnizados enemigos, saldrías a su encuentro y estoy segura de que los derrotarías. Si el dios Pachacamac, «aquel que mueve la tierra», estremeciera una vez más el suelo bajo nuestros pies derribando templos, fortalezas y palacios, nos uniríamos para reconstruirlos como siempre hemos hecho... —Rozó con su mejilla el plácido rostro de Tunguragua, que se había dormido definitivamente recostada contra su pecho al concluir—: Pero si los dioses de la fertilidad se niegan a bendecir a la reina, nada podemos hacer más que suplicar... —Hizo un leve gesto hacia la criatura—. Voy a acostarla —musitó.

Desapareció en el interior de la habitación de la niña, dejando al general Saltamontes más confundido aún que de costumbre, puesto que la princesa solía tener la rara habilidad de desconcertarle, y tras unos instantes en los que se dedicó, de un modo casi automático, a recoger los trompos que habían quedado desperdigados por el suelo, se apoyó en la baranda de piedra a contemplar cómo el sol comenzaba a hundirse tras las montañas de poniente.

Aquélla era su hora predilecta del día, puesto que desde donde se encontraba podía admirar en su conjunto la magnificencia del Recinto Dorado con sus hermosos templos consagrados al Sol, la Luna, las Estrellas o la Lluvia, así como la prodigiosa extensión del Inti-Pampa, o Campo del

Sol, cuyo centro estaba conformado por un gigantesco monolito de piedra negra recubierto de oro, al igual que de oro y plata eran también los rebaños de alpacas, llamas y vicuñas de tamaño natural que fingían pastar en la sagrada pradera de los dioses.

Cuando los últimos rayos de sol caían oblicuamente sobre los palacios, templos y mansiones del Cuzco Inferior, que era donde solían residir los Emperadores y la nobleza, extraía increíble reflejos de sus techos a dos aguas, ya que la mayor parte de ellos estaban construidos a base de «paja» idéntica a la de las casas del Cuzco Superior, pero con la única diferencia de que se trataba de una costosísima «imitación», puesto que había sido trenzada a base de finos hilos de oro puro a los que habilísimos orfebres habían conferido el aspecto de simple paja.

Por aquellos tiempos, en el interior del Recinto Dorado de la ciudad del Cuzco, el oro y la plata eran más comunes que la piedra o la madera, y al admirar por enésima vez la exquisita armonía de aquella ciudad sin parangón, el general Saltamontes no pudo por menos que sentirse profundamente orgulloso de sus raíces.

Él, que había llegado más lejos que ningún otro de sus compatriotas en sus viajes y exploraciones, y que por lo tanto había tenido ocasión de estudiar las costumbres y el grado de desarrollo de las primitivas tribus de más allá de las fronteras del Imperio, podía valorar, mejor que nadie, la abismal diferencia que existía entre la refinada cultura que habían sabido imponer los Incas y el secular atraso en que solían vivir sus vecinos.

Bajo los tejados que ahora contemplaba, fueran de oro o de paja, habitaban médicos, maestros, arquitectos, constructores de puentes, orfebres, astrónomos, historiadores, generales, sacerdotes y funcionarios dedicados en cuerpo y alma durante la mayor parte de su tiempo a la tarea de contribuir al progreso y el bienestar de sus conciudadanos.

Aquél era un mundo armónicamente estructurado en el que cada pieza había sido colocada en su lugar exacto, al igual que existía un lugar exacto para cada pieza, por lo que, a su modo de ver, nada tenía que ver con la barbarie y la anarquía que había descubierto justamente al otro lado del último fortín del Imperio.

¿Por qué?

¿Cómo era posible que pudieran darse tan abismales diferencias entre un pueblo y sus vecinos?

¿Cuál había sido la auténtica razón por la que el Incario se había transformado en una hermosa isla de progreso, justicia y bienestar justo en el centro de un oscuro océano de atraso y salvajismo?

La respuesta que siempre le habían dado a tales preguntas se limitaba a la indiscutible afirmación de que los incas eran el pueblo elegido por los dioses, y que la mejor prueba de ello estaba en que les había sido concedido un dios-Emperador para que los gobernara.

Vistos los resultados desde la terraza de un prodigioso palacio, no quedaba más remedio que aceptar que se trataba de un milagro; un hecho sobrenatural que tan sólo podía atribuirse a la intervención directa de esos dioses, y en ese caso tanto daba que se llamara Viracocha, el Sol, la Luna o Pachacamac.

Allí, justo en el punto en que ahora se encontraba, en pleno corazón del Recinto Dorado, comenzó algo que no tenía absolutamente nada que ver con cuanto había existido hasta ese instante, ni existiría en los tiempos venideros.

¿Por qué?

¿Qué extraña razón lo había hecho nacer y de dónde había surgido?

Cuando la princesa Sangay Chimé regresó de acostar a la niña, no pudo por menos que sorprenderse ante la extraña expresión del rostro de su esposo, por lo que se apresuró a inquirir con una cierta inquietud:

—¿Te ocurre algo?

—Nada en especial.

—¿Y por qué estas tan pensativo?

—¡No lo sé! ¡O quizá sí!... Quizá me preguntaba cómo es posible que exista una ciudad tan absolutamente perfecta.

—Se la debemos a Viracocha... —señaló su esposa con naturalidad.

—Eso ya me lo han dicho un millón de veces... —le respondió el otro en un tono que denotaba un cierto fastidio—. Pero lo que me gustaría saber es la razón por la que un dios nos escogió precisamente a nosotros y eligió este lugar exacto.

—Porque no se trataba de un dios.

—¿Cómo has dicho? —se asombró Rusti Cayambe.

—He dicho que Viracocha, el Supremo Hacedor, no era un dios... —insistió con sorprendente calma la princesa.

—¡Ah, no! ¿Entonces qué era?

—Un hombre.

—¿Un hombre?

—Eso he dicho: un simple hombre llegado de muy lejos.

—¿Cómo te atreves a decir algo así? Suena a herejía.

—¡No! No se trata de ninguna herejía. No es más que la verdad.

—¿Y cómo puedes estar tan segura de que es la verdad?

—Porque es una historia que en mi familia se ha venido transmitiendo de generación en generación, ya que mis antepasados conocieron a Viracocha mucho antes de que lo conocieran los incas.

—¿De qué demonios estás hablando?

—Del auténtico origen de Viracocha y de cómo llegó hasta aquí. ¿Te gustaría conocerlo?

—¡Desde luego! —replicó seguro de sí mismo Rusti Cayambe, que no podía evitar sentirse extrañamente incómodo.

—¿Y te sientes preparado para enfrentarte a una verdad que está en contra de todo aquello que te enseñaron?

—La verdad nunca ha hecho daño a nadie.

—Te equivocas... —musitó ella casi con un susurro—. La verdad suele hacer mucho daño, porque se trata de un daño irreparable. Si una mentira te hiere, esa herida puede cicatrizar cuando se descubre que se trataba de una de tantas mentiras. Pero verdad no hay más que una, y no existe bálsamo que alivie tal dolor.

—Aunque así sea... —insistió su marido.

—¡Como quieras!... —aceptó ella tomando asiento en un banco de piedra que corría a todo lo largo del muro y haciéndole un gesto para que se acomodara a su lado—. Hace mucho, muchísimo tiempo... —comenzó— los cielos se abrieron y llovió y llovió durante días y más días, meses y más meses, con rayos, truenos, relámpagos y un viento huracanado que parecía anunciar el fin del mundo... —Lanzó un hondo suspiro como si en verdad hubiera asistido a tamaño desastre—. Mi pueblo, que vivía desde el comienzo de los tiempos en la costa, nunca había visto nada remotamente parecido.

—¡«El Gran Diluvio»! —comentó Rusti Cayambe aceptándolo como algo que no admitía discusión—. Desde muy niño he oído hablar de él.

—Pues cuentan mis antepasados que ese diluvio y esos vientos arrojaron contra la costa una extraña y gigantesca embarcación cien veces mayor que las mayores que se puedan encontrar en el lago Titicaca, aunque construida totalmente de madera.

—¿De madera?... ¿Una especie de balsa?

—¡No! Más bien una especie de enorme casa de tres plantas. Mis asombrados e incrédulos antepasados la vieron llegar, y vieron también cómo enormes olas la estrellaban contra los arrecifes, docenas de hombres se precipitaban al mar aullando de terror y el océano lo engullía todo para lanzar luego a la costa un único superviviente.

—¿Viracocha?

—El mismo.

—¿Un simple marino? —se horrorizó el general Saltamontes—. ¿Un pobre náufrago?

—Tú lo has dicho: un pobre náufrago muy alto, muy blanco, con el cabello de color oro viejo y el mentón y las mejillas cubiertos de largos pelos rojizos.

—¿Cómo es posible? —inquirió el otro perplejo—. ¿Tenía pelos en el rostro?

—Que le llegaban hasta el pecho, confiriéndole un aspecto diabólico, puesto que además tenía los ojos de un azul muy intenso.

—¡No puedo creerlo!

—Pues debes creértelo, puesto que así era.

—¿Un náufrago de cabellos de color de oro, pelos en la cara y ojos azules?... —repitió una vez más el anonadado Rusti Cayambe—. ¡Santo cielo!

—Como comprenderás —insistió ella—, mis tatarabuelos, que creyeron ver en él al mismísimo demonio, o a un brujo extranjero portador de diluvios y tormentas, se negaron a prestarle ayuda, apedreándole para que se alejase de sus ciudades y sus tierras.

—Resulta comprensible si su aspecto era tan aterrador.

—Comprensible pero trágico, puesto que al alejarse los maldijo por no haberse compadecido de un hombre en desgracia, y su maldición se cumplió al pie de la letra, puesto que a partir de aquel día mi pueblo entró en una imparable decadencia.

—Cuesta aceptarlo.

—Pero así es. Por aquel tiempo las ciudades costeñas eran ricas, cultas y poderosas, mientras que los habitantes de la sierra estaban considerados poco menos que pastores semisalvajes.

—¿Y supones que fue la maldición de Viracocha la que hizo cambiar las cosas? —Ante el mudo gesto de asentimiento insistió—: ¿Por qué?

—Porque como a sus espaldas tenía un océano enfurecido y a cientos de hombres y mujeres que le perseguían a pedradas, no le quedó otro remedio que adentrarse en la sierra.

—¿Y fue así como llegó hasta aquí?

—Y mucho más allá. Por lo visto, durante su largo peregrinaje descubrió las riquezas de este valle, pero siguió adelante, convencido de que, si conseguía atravesar la cordillera, alcanzaría otras tierras por las que le resultase más sencillo regresar a su patria.

—Pero no lo consiguió.

—No, ya que al poco tiempo se tropezó con un grupo de hombres y mujeres originarios de las proximidades del lago Titicaca que huían del diluvio que había anegado sus campos y destruido sus hogares. Era la pequeña tribu de los incas, que vagaban sin rumbo buscando un lugar en el que rehacer sus vidas, y que le aseguraron que más allá de la cordillera no existían más que selvas impenetrables. Entonces Viracocha les habló del valle que había visto, los condujo hasta aquí, y justo en el punto en que se alza el monolito del Inti-Pampa hundió hasta la empuñadura su espada para demostrar que la tierra era muy fértil. En ese momento, el sol hizo su aparición tras largos meses de lluvia y un único rayo le iluminó, destacando su altura y sus dorados cabellos al viento. Ante semejante prodigio, los incas creyeron que se trataba del hijo del Sol, un dios al que debían respetar y obedecer, por lo que se apresuraron a fundar la capital de lo que habría de ser su reino, el «Ombligo del Universo»: el Cuzco.

—Yo siempre había creído que los fundadores habían sido Manco Cápac y su hermana, Mama Ocllo.

—Y así es, pero inspirados por un extranjero que al comprender que nunca conseguiría regresar a su hogar decidió quedarse a vivir entre ellos.

—¿Y estás completamente segura de que no se trataba de un dios?

—Segura no puedo estarlo, pero sí que estoy convencida de que únicamente se trataba de un hombre muy, muy sabio. Enseñó a los incas a construir edificios de piedra, trabajar el oro, mejorar los cultivos por medio de complejos sistemas de regadío, construir puentes, tejer delicadas telas, organizar la vida en común, guerrear, e incluso llevar un registro, por medio de los *quipus*, de cuántas alpacas, cuántos habitantes o cuántas vasijas de *chicha* o de maíz se conservaban en cada almacén real en cada momento.

—¿Sabía todo eso?

—Y muchísimas cosas más, porque sabía curar a los enfermos, impartir justicia con imparcialidad y descifrar el lenguaje de las estrellas.

—¡Luego era un dios!

Ella negó una y otra vez con la cabeza.

—Sólo era un hombre, pero tan justo, tan bondadoso y tan sabio que casi podría equipararse a un dios... Cuentan que vivió casi treinta años entre los incas, pero que cuando se sintió viejo y cansado regresó a la costa con un puñado de sus siervos, construyó una gran nave de madera y se hizo a la mar con la intención de regresar a morir a su patria.

—En ese caso, y pese a que prometió que volvería, nunca lo hará.

Sangay Chimé asintió una y otra vez.

—Vendrán sus descendientes, si es que llegó a tenerlos, o tal vez otros miembros de su misma raza, pero Viracocha no. Viracocha murió tal como habían muerto sus compañeros la mañana en que su nave se estrelló contra las rocas.

Rusti Cayambe no dijo nada, meditando sobre cuanto acababa de escuchar, y que constituía un evidente revulsivo en su concepto del mundo y de las cosas.

El sol se ocultaba ya tras las montañas, y las sombras se adueñaban velozmente de la ciudad cuyos techos de oro habían dejado de brillar poco antes.

Clavó la vista en el monolito del Inti-Pampa que estaba a punto de convertirse en una mancha más entre las manchas de la noche, y no pudo por menos que preguntarse si sería cierto que un día, muchísimo tiempo atrás, un extranjero de cabellos dorados clavó su espada en aquel punto exacto con la intención de fundar una ciudad inimitable.

Si había sido así, si la historia que su esposa le había contado respondía a la verdad, y Viracocha no era un dios, el Emperador no podía descender en línea directa del Sol, y por lo tanto los cimientos sobre los que se había construido el Imperio no eran de negra roca, sino de simple barro.

Si aquella nueva versión de los hechos se aproximaba siquiera a la verdad, Sangay Chimé tenía razón al afirmar que esa verdad dolía y se transformaba en una herida difícil de cicatrizar.

Pero a la hora de analizar fríamente sus sentimientos, Rusti Cayambe se vio obligado a admitir que en lo más profundo de sí mismo aceptaba que aquella extraña historia que hablaba de un Viracocha humano, justo, bondadoso y sabio le convencía mucho más que la vieja historia de un Viracocha por cuyas venas corría sangre del inclemente astro que le abrasara la piel y le cegara los ojos durante aquellos terribles días en que se vio obligado a atravesar el desierto de Atacama.

—¿Y qué vamos a hacer ahora? —musitó al fin.
—Nada.
—¿Nada?
—Absolutamente nada, porque nada ha cambiado... —replicó ella con sorprendente calma, al tiempo que le cogía una mano para llevársela a los labios—. El Emperador continúa siendo el alma del Incario, y lo que importa es defender su obra a toda costa.
—¿Y cómo esperas defenderla sin hacer nada?
—Manteniendo intacta nuestra fe, no en falsos dioses como Viracocha, sino en aquellos que verdaderamente rigen los destinos de las naciones. —Hizo un gesto hacia las hogueras que comenzaban a brillar en el interior del Recinto Dorado y que extraían fantasmagóricos reflejos a los cientos de figuras y objetos de oro y plata—. ¡Observa esas maravillas! —pidió—. ¡No llegaron hasta aquí por casualidad! Llegaron aquí porque los dioses así lo decidieron, y si confiamos en ellos, nos enseñarán la forma de conservarlas hasta el fin de los siglos...
—¡Pero si acabas de decir...!
—¡Lo sé!... Que Viracocha no era un dios... Estoy segura de que no lo era, pero también estoy segura de que era un enviado de unos dioses que no podían mezclarse con los seres humanos.
—Con demasiada frecuencia no consigo entender de qué demonios estás hablando.
—¡Ni falta que te hace! —rió ella pellizcándole la mejilla—. Tú limítate a confiar en mí, y a hacer lo que el Emperador te ordene, puesto que, al fin y al cabo, más vale un buen hombre que un mal dios.

¡Ahí viene! ¡Ahí viene!
La hija del Sol,
la esposa del Sol,
la madre del Sol.

¡Ahí viene! ¡Ahí viene!
La luz que nos ilumina,
el aire que respiramos,
el calor que nos da la vida.

¡Ahí se va! ¡Ahí se va!
La montaña más alta,
el lago más profundo,
el río más caudaloso.

¡Ahí se va! ¡Ahí se va!
Nuestra hermana,
nuestra reina,
nuestra alegría.

Hasta el último de los casi cien mil habitantes del Cuzco, incluidos los enfermos, se echaron a la calle en cuanto comenzaron a escucharse los cánticos que anunciaban que la amada reina Alia había abandonado su largo retiro en el Templo de las Ñustas para regresar al palacio Imperial en el que su señor, su hermano y su esposo la aguardaban.

Ni el Inca Pachacuti en el glorioso día en que volvió empujando ante sí a miles de esclavos *chancas* derrotados en la más victoriosa de las campañas imperiales recibió tales muestras de respeto y adoración por parte de los vecinos de una ciudad que parecía haberse engalanado en la más radiante y tibia mañana que se recordaba en mucho tiempo, a la par que millones de mariposas revoloteaban por doquier como si también ellas quisieran, con la alegría de su colorido, unirse a una fiesta que se prolongó hasta bien entrada la noche.

Todos los ojos permanecían pendientes de las ventanas de palacio.

Todas las esperanzas puestas en lo que sucediera tras sus muros.

Los que se habían atrevido a mirarla, aseguraban que la reina parecía más joven, más fuerte y más hermosa que nunca.

Como una novia en el día de sus esponsales.

Como una diosa que bajara a la tierra.

Una madre perfecta.

Las ilusiones perdidas habían vuelto a hombros de veinte porteadores.

El nuevo Emperador había hecho su triunfal entrada en la ciudad aun antes de haber sido concebido.

Sin lugar a dudas los dioses sonreían.

Siguieron días maravillosos.

Tiempos de recolección, de paz y de confianza en un futuro que no podía defraudarlos.

Astrólogos, brujos, adivinos y hasta la última comadre estuvieron de acuerdo en que se estaban dando las circunstancias favorables para que la reina concibiera un hijo, y que sería sin lugar a dudas un varón fuerte, astuto, justo y valiente.

El nuevo Inca.

¡«El Deseado»!

Por fin amaneció el día grande.

Todo el pueblo se había reunido en el Inti-Pampa formando un círculo en torno al monolito de piedra negra recubierto de oro que recordaba el punto exacto en que Manco Cápac decidió fundar la ciudad, y cuando a las doce en punto del mediodía cuatro sacerdotes giraron por tres veces en torno a la columna para cerciorarse de que no producía la más mínima sombra, se proclamó, con toda solemnidad, la llegada del equinoccio.

Poco después, el maestro de ceremonias alzó los brazos para anunciar con voz grave y profunda, pero casi temblorosa de satisfacción:

—¡La reina Alia está esperando un hijo! ¡Que el cielo la bendiga!

Un clamor de júbilo se extendió por el valle para ir a rebotar contra las montañas vecinas.

Las mujeres lloraban.

Los hombres se abrazaban.

Los niños reían.

Los dioses, que parecían haber vuelto la espalda al Incario, les enviaban al nuevo dios que habría de conjurar todos sus males.

En cuanto viera la luz, el futuro de todos los cuzqueños, el de sus hijos y el de los hijos de sus hijos, quedaría asegurado.

¡Seguían siendo el pueblo elegido!

Corrió en abundancia la *chicha* y se repartieron cuencos de coca.

Aquél era un día muy especial en el que hasta el último cuzqueño tenía derecho a beber hasta caer redondo o mascar las verdes hojas hasta abotargarse, mientras la música sonaba en cada rincón de la ciudad, puesto que todos los tambores, todas las *quenas* y todas las matracas fabricadas con mandíbulas de llama habían salido de sus escondites para acompañar a cuantos saltaban y reían en las danzas del cóndor, el venado o la vicuña.

Los *chasquis* habían sido enviados a la carrera hacia todos los puntos cardinales que componían el reino del Tihuntinsuyo, o «Las Cuatro Partes del Mundo», pues era expreso deseo del Emperador que la fausta nueva se extendiera al último rincón del reino para que hasta el más alejado y solitario de sus pastores pudiera compartir tanta felicidad.

Sentado junto al lecho de su esposa, solía acariciarle amorosamente los pies durante horas, pues sabía que eso era algo que la relajaba y la ayudaba a conciliar el sueño.

—¡Descansa! —musitaba quedamente—. Necesitas mucho descanso.

—¡No! —le replicaba ella en el mismo tono—. Lo que en verdad necesito no es descanso, sino que el tiempo pase con la misma rapidez con que las estrellas fugaces cruzan el cielo... ¡Se me hace tan larga la espera! ¡Deseo tanto poder ofrecerte a nuestro hijo!...

—¡Paciencia!

—¿Y en qué árbol crece el fruto de la paciencia, amor mío? ¿Qué planta la produce o en qué lago se pesca? Envía a tus mejores hombres en su busca o pídele a nuestro padre el Sol que acelere su ritmo, porque te garantizo que cada día que pasa es para mí un día de angustia.

—Es eso precisamente lo que debes evitar: la angustia y la obsesión. Ten por seguro que todo irá bien, y el niño llegará en el momento justo en que tenga que llegar.

—¿Lo dice el Emperador?

—Lo dice el esposo, puesto que en esta ocasión tenemos que ser humildes y hacer nuestras ofrendas a los dioses, no en nombre de soberanos omnipotentes, sino en nombre de padres agradecidos.

Y pasaba el tiempo.

¡Oh, cielos! ¡Qué despacio pasaba!

Noches de ansiedad y días de esperanza.

¡Qué despacio pasaban!

Pero la sangre de los dioses fluía mansamente, y la nueva vida iba tomando cuerpo semana tras semana.

¡Qué despacio pasaban!

La princesa Sangay Chimé acudía casi cada tarde a visitar a su amiga y señora, a la que en ocasiones tenía que calmar puesto que la encontraba al borde de un ataque de histeria.

—¡Deja que la naturaleza haga en paz su trabajo! —le aconsejaba—. No la atosigues...

—¡Es que tengo tanto miedo!...

—El miedo de una madre se transforma en el peor enemigo de su hijo... —le respondía—. Él está dentro de ti, siente lo que tú sientes, y si le transmites inseguridad, se sentirá inseguro. ¡Demuéstrale tu fortaleza! Haz que comprenda que tu vientre es hoy por hoy un castillo inexpugnable.

—¿Y acaso lo es?

—Lo es, porque todo tu pueblo y todos los dioses de tu pueblo, lo defienden.

Pero hubo un dios, ¡uno solo!, que demostró que no tenía el más mínimo interés en defenderlo.

Pachacamac, «Aquel que mueve la tierra», señor de los terremotos al que le gustaba dormir durante años en lo más profundo de los cráteres de los más altos volcanes, se despertó una fría mañana, descubrió que no le habían puesto al corriente de que la reina esperaba un hijo, comprobó que nadie se había preocupado de ofrecerle sacrificios, montó en cólera y lanzó un único rugido que se escuchó hasta en la última frontera del Imperio.

Los palacios temblaron, los templos se estremecieron, las chozas se desplomaron, las nieves de las cimas se deslizaron hacia los valles, diez lagos se desbordaron y hasta las aguas de los ríos parecieron haberse desorientado sin acertar a seguir el curso de antiquísimos cauces.

Hubo muertos, y heridos, y dolor, y llanto.

Espanto y desolación.

Pero hubo algo aún peor.

La reina perdió sangre.

Sangre de reina, sangre del Sol.

Tan sólo unas gotas producto sin duda de la impresión o el pánico de unos segundos angustiosos, pero sangre.

El Cóndor Negro había alzado el vuelo en algún lejano picacho de la cordillera central, y si extendía por completo sus alas, la desgracia volvería a abatirse sobre el Imperio.

¡Señor, Señor!

¿Cómo era posible que se hubieran olvidado de Pachacamac?

¿Por qué no se le habían ofrecido ofrendas?

El Emperador convocó de inmediato al Gran Consejo e invitó a la reunión a los sacerdotes especialmente consagrados a «Aquel que mueve la tierra», pese a que no sentía por ellos una especial predilección, ya que por tradición se elegían entre aquellos niños que nacían marcadamene afeminados, y nunca había sabido muy bien cómo tratarlos.

Pintarrajeados, provocativos, escandalosos y con excesiva frecuencia irreverentes, los siervos de Pachacamac parecían estar siempre fuera de lugar entre los severos muros de palacio, y el simple hecho de que se negaran a inclinar la cabeza en su presencia, prefiriendo mirarle directamente a los ojos, le producía una extraña desazón a la que nunca había logrado acostumbrarse.

Tenía que soportar su descaro y sus desplantes porque era aquélla una antiquísima y muy arraigada costumbre popular cuyo origen se perdía en la noche de los tiempos, y que se les consentía porque habían demostrado ser los únicos capaces de conseguir que Pachacamac durmiera largamente a base de una música repetitiva y lánguida, y unos bailes sinuosos y en cierto modo hipnotizantes.

Sin su ayuda, sin su plena dedicación al sueño de su señor, la tierra se estremecería casi cada día.

Debido a ello ejercían un notable poder entre los miembros de la corte, así como una gran ascendencia sobre el pueblo llano, y por lo tanto al Emperador no le quedaba otro remedio que aceptar que se negaran a arrastrarse en su presencia o se atrevieran a mirarle a los ojos.

—¿Qué es lo que quiere vuestro señor? —fue lo primero que inquirió dirigiéndose a su primo segundo, Tupa-Gala, que era quien ejercía desde hacía seis años las funciones de sumo sacerdote de la comunidad—. ¿De qué se queja?

—Quiere respeto... —fue la fría respuesta—. Y se queja por tu falta de respeto.

—Yo siempre le he respetado.

—No en esta ocasión. No justamente en el momento en que el destino del Incario pende de un hilo... A mi señor le basta un simple gesto para acabar con todas tus esperanzas.

—Lo sé —admitió con humildad el Inca—. Siempre lo he sabido.

—En ese caso, si lo sabes... ¿por qué razón has ofrecido tantos sacrificios a los míseros dioses de la fertilidad, que en realidad no son más que excremento de alpaca, despreciándole a él?

—Porque nunca imaginé que «Aquel que mueve la tierra» se preocupara por un asunto que atañe únicamente a las mujeres.

—¿Únicamente a las mujeres?... —fingió escandalizarse el astutísimo Tupa-Gala, cuyo rostro, eternamente maquillado en rojo, negro y plata, semejaba una máscara—. Hasta el último pescador del Titicaca está pendiente del nacimiento del futuro Emperador, y tú aseguras que es un tema que tan sólo atañe a las mujeres... —Sacudió la cabeza negativamente—. Estimo que mi señor tiene razones más que sobradas para sentirse ofendido.

—No ha sido mi intención ofenderle —se disculpó casi mordiendo las palabras el Emperador—. Sabido es que Pachacamac es un dios muy poderoso, y en prueba de mi respeto y consideración he hecho construir seis templos en su honor, mientras que a vosotros, sus fieles servidores, siempre os he concedido todo cuanto habéis solicitado.

—¡Eso es muy cierto! —admitió su interlocutor con una leve sonrisa irónica—. No podemos quejarnos, pero admitirás que, en contrapartida, hemos logrado convencer a nuestro señor para que duerma plácidamente durante todos estos años, sin que su ira traiga aparejada la destrucción y la muerte... —Abrió las manos como queriendo demostrar lo evidente—. ¡Pero ahora...! Esta falta de tacto... Este tremendo error, le ha obligado a abandonar su letargo...

El Inca, dueño de las vidas y haciendas de millones de seres humanos, hubiera deseado hacer un gesto a sus guardias para que en un abrir y cerrar de ojos degollaran a aquel descarado intrigante que a todas luces pretendía sacar provecho de tan delicada situación, pero pensó en el hijo que aún estaba por nacer, y se contuvo.

Tupa-Gala era un hombre harto peligroso y lo sabía. Culto, inteligente, ambicioso, muy capaz, y último vástago de una de las familias de más rancio abolengo del Cuzco, hubiera estado llamado a las más altas esferas del poder, que probablemente hubiera sabido ejercer con notable acierto y dedicación, a no ser por el hecho de que, desde el momento mismo en que pronunció sus primeras palabras, resultó evidente que su futuro se encontraba entre los servidores de Pachacamac.

Y es que servir a Pachacamac no estaba considerado ni un castigo ni una deshonra entre unos incas que aceptaban con absoluta naturalidad que existieran hombres y mujeres de tendencias en cierto modo diferentes, pero de igual modo era aquélla una tradición tan firmemente arraigada, que los padres ni siquiera se planteaban otra vía en cuanto advertían los primeros síntomas de que uno de sus hijos se inclinaba por una opción sexual menos frecuente.

No obstante, el Emperador siempre había estado íntimamente convencido de que Tupa-Gala hubiera preferido no haber tenido que ingresar, siendo apenas un tímido adolescente, en la comunidad de los siervos de Pachacamac.

—¿Y qué es lo quiere tu señor de mí? —inquirió al fin esforzándose por aparentar una calma y una resignación que estaba muy lejos de sentir.

—Tres nuevos templos.

—Los tendrá.

—Seis rebaños de alpacas y vicuñas.

—Los tendrá.

—Cien sacos de coca.

—Los tendrá.

—Y un gran sacrificio.

—¿Sacrificio? —se alarmó, consciente de que los sacrificios que solía exigir «Aquel que mueve la tierra» nunca resultaban incruentos—. ¿Qué clase de sacrificio?

—Un *capac-cocha*.

—¿Un *capac-cocha*? —se horrorizó el Emperador—. ¿Por qué algo que repugna a los hombres de buena voluntad, y que ya el padre de mi padre se resistía a practicar?

—Porque cuanta mayor es la ofensa, mayor debe ser la reparación, y si grave es el problema, costoso el remedio. Tú pretendes que tu hijo, el futuro Emperador, viva sin sobresaltos en el vientre de su madre hasta el día en que los pequeños dioses de la fertilidad le empujen a la luz. ¡Bien! —puntualizó Tupa-Gala—. Yo te prometo que Pachacamac dormirá tranquilo hasta ese día, a condición de que le ofrezcas un sacrificio que le satisfaga plenamente.

—¿Y a cuántos niños piensas estrangular?
—A uno solo...
—¿Sólo uno? —se sorprendió el Emperador—. ¿Me das tu palabra?
—¡Uno solo! —fue la helada respuesta—. Sólo uno, pero seré yo quien lo elija, porque tiene que ser alguien muy especial.

La voz se corrió muy pronto por la ciudad.

A muchos les costaba admitirlo; después de tantos años, y cuando parecía ser ya una ceremonia definitivamente olvidada, se iba a celebrar un *capac-cocha* destinado a conseguir que el heredero del trono naciera sin sobresaltos.

Tan sólo en un detalle parecía tener razón el ladino Tupa-Gala; si importante era lo que se pedía, importante tenía que ser lo que se ofreciera a cambio, y cierto era que nada de tan especial trascendencia como el ansiado alumbramiento de un pequeño Inca había tenido lugar durante los últimos treinta años.

Que los destinos del Imperio se encontraran en peligro por el simple hecho de que no existiera un descendiente directo del dios Sol era algo que jamás se había dado con anterioridad, y muchos de cuantos por convicción moral se habían opuesto frontalmente a un sangriento ritual impropio de pueblos civilizados, acabaron por aceptar que quizá en este caso tan particular convendría hacer una excepción.

No obstante, la idea de tener que permitir que un niño muriera para que otro pudiera nacer repugnaba incluso a un buen número de los propios sacerdotes del Templo de Pachacamac, que no acababan de entender las auténticas razones por las que su líder espiritual había llevado las cosas a tales extremos.

Ofrecer el corazón de cinco guanacos, e incluso el de un hermoso cóndor, hubiese bastado, a su entender, para aplacar a un dios que parecía haberse dormido nuevamente, puesto que, en opinión de los ancianos de mayor experiencia, la tierra tardaría en volver a moverse.

Si los volcanes no humeaban, ningún río apestaba a azufre y las chinchillas del templo se apareaban sin dar muestras de la más mínima inquietud, cabía asegurar, con muy escaso margen de error, que Pachacamac no parecía tener intención de revolverse en su lecho durante los próximos meses.

¿A qué venía entonces tan inconcebible salvajada?

¿A qué conducía resucitar bochornosos ritos ya en desuso?

Para quienes le conocían bien, cuanto estaba ocurriendo cabía atribuirlo a las desmesuradas ansias de notoriedad del prepotente Tupa-Gala, que en tan delicado momento no había podido evitar hacer pública demostración de que, en lo que se refería a la relación con los dioses, su poder superaba incluso al del propio Emperador, por más que éste fuera descendiente directo del Sol.

Resultaba evidente que había conseguido atemorizarle con la idea de que, si no aceptaba sus condiciones, tal vez su hijo nunca llegaría a nacer, consciente de que, en semejante situación, nadie, y el Emperador menos que nadie, podía arriesgarse a dar un paso en falso.

Por desgracia siempre se había sabido que existían muchos más dioses crueles, celosos y vengativos que condescendientes, justos y generosos, y en especial «Aquel que mueve la tierra» tenía merecida fama de traicionero, colérico y sanguinario.

Pocas eran las familias que no habían perdido alguna vez a uno de sus miembros durante un violento terremoto, y pocos los pueblos cuyos edificios no mostraran las viejas cicatrices de una cercana o remota catástrofe.

Tupa-Gala contaba sin duda con un terrible aliado, por lo que ni el más loco entre los locos hubiera osado oponerse a sus designios, y no parecía quedar otro remedio que plegarse a sus exigencias.

No obstante, cuando al cabo de una semana se presentó en palacio con el fin de comunicar al Emperador a quién había elegido como víctima del sacrificio, el anonadado

Inca no pudo evitar que un escalofrío de terror le recorriera la espalda.

—¿Tunguragua? —acertó a balbucear a duras penas—. ¿La hija del general Rusti Cayambe y la princesa Sangay?

—La misma.

—¿Y por qué precisamente ella?

—Porque para presentarse ante Pachacamac y suplicarle que preserve la vida de un futuro Emperador, no se puede enviar al hijo de un labrador o de un soldado... —fue la helada respuesta.

—¿Quién lo ha dicho?

—Yo, que soy el sumo sacerdote de su templo, y quien debe decidir quién puede presentarse ante mi señor y quién no. —Abrió las manos en un gesto que pretendía abarcar cuanto se extendía a su alrededor—. ¿O acaso imaginas que tu jefe de protocolo aceptaría que un maloliente pastor de llamas penetrase en tu palacio, ensuciase tus alfombras y se inclinase ante ti para suplicar por la vida de un rey?

—No. Supongo que no.

—Pues la situación es la misma. Concederías audiencia a un alto mandatario, no a un pastor, por lo que creo que no deberías desear para otro dios lo que no desearías para ti...

Pese a la indiscutible lógica de semejante argumentación, el Emperador comprendió de inmediato que las auténticas razones de tan malintencionada elección había que buscarlas en el hecho de que en su día Tupa-Gala se había opuesto a la unión de un plebeyo con un miembro de la familia real, puesto que, a su modo de ver, semejante matrimonio constituía una imperdonable ofensa para cuantos, como él, se enorgullecían de la nobleza de la sangre que corría por sus venas.

—Pero Tunguragua es hija única... —intentó argumentar al poco con un cierto desespero—. ¿No es más lógico elegir a un miembro de una familia numerosa?

—¿Por qué, y qué tiene eso que ver con mi señor? —quiso saber el otro—. La princesa y el general son jóvenes y tendrán muchos más hijos...

—Sí, pero...

—¿Es que acaso imaginas que no se sentirán honrados por el hecho de que se escoja a su hija para tan importante misión? —inquirió remarcando las palabras—. ¿Qué mejor ofrenda que el primer fruto de la unión del pueblo con la nobleza para acudir a interceder ante Pachacamac por el futuro de tu hijo y de toda la nación? Si pusieran el más mínimo reparo, o no se alegraran por mi elección, estarían demostrando que no son dignos de las especiales atenciones que tanto la reina como tú les habéis dedicado...

—Resulta evidente que no tienes la más mínima idea de lo que significa ser padre... —musitó el Emperador.

—Tampoco tú la tienes... —fue la respuesta—. Y lo que me preocupa es que si no firmas un armisticio con mi señor, jamás consigas tenerla.

La reina Alia sufrió un vahído y a punto estuvo de desmayarse cuando su abatido esposo le puso al corriente de las exigencias del sumo sacerdote.

—¡Dime que no es verdad! —suplicó casi con un sollozo.

—¡Por desgracia lo es! —replicó el Inca, que la había ayudado a tomar asiento y le acariciaba el cabello como si con ello pudiera infundirle valor—. Y temo que ese malnacido no esté hablando únicamente por su boca, sino por la de todos aquellos que se sienten menospreciados por las deferencias que hemos tenido con Rusti Cayambe y con Sangay. El que le ascendiera a general, el que acudieras a felicitarla personalmente cuando nació la niña o el hecho de que fuera la única persona a la que recibiste cuando te encontrabas en el Templo de las Vírgenes son, a su modo de ver, ofensas imperdonables a la nobleza...

—¿Y qué culpa tiene la pobre Tunguragua? No es más que una criatura que nunca ha hecho daño a nadie.

—Ninguna... —admitió el Emperador—. Pero por lo que veo, Tupa-Gala pretende castigarnos a través de ella.

—¿Y estás dispuesto a consentirlo? —quiso saber su esposa en un tono que mostraba a las claras la ira que la embargaba—. ¿Vas a permitir que la envidia y el rencor te impongan sus condiciones?

—¿Y qué otra cosa puedo hacer?

—Negarte.

—¿Tienes idea de a lo que nos exponemos si rechazo someterme a las exigencias de Pachacamac?... —se lamentó su esposo—. Su furia derribará nuestras casas, aplastando a miles de inocentes, y con un simple suspiro puede hacer que nuestro hijo se malogre.

—¿De verdad lo crees?

—¿Qué pretendes decir?

—¿Que si estás sinceramente convencido de que el causante de que la tierra se estremezca es un dios que duerme en el cráter de un volcán?

—¿Y quién si no? —se sorprendió su hermano.

—¿Y yo qué sé? —replicó la atribulada mujer—. Tal vez se mueva por la misma razón que hace frío, llueve o crecen las cosechas...

—Si llueve, hace frío o crecen las cosechas es porque los dioses así lo han dictaminado... —sentenció su esposo—. Nada existe sin una razón que emane de los cielos, y nunca podremos estar seguros de quién mueve los hilos, o de quién mueve cada hilo en particular. Si los dioses nos enseñaron a salir del marasmo en que vivían nuestros antepasados, convirtiéndonos en lo que ahora somos, no creo que debamos renegar de esos dioses cuando lo que nos exigen no es de nuestro agrado. ¡No sería justo!

—¡Pero no son los dioses! —le recordó ella—. Es un ser abominable que jamás ha querido aceptar que su afición a los mancebos le cerró las puertas del Gran Consejo. Se considera más inteligente y más noble que cuantos te rodean, y es únicamente el rencor lo que lo mueve en este caso.

—¿Acaso crees que lo ignoro? —inquirió dolido el Emperador—. Me consta que siempre se ha rebelado contra esas inclinaciones, por lo que aborrece vivir en compañía de quienes considera que no están a su altura. Es un magnífico astrónomo, un gran matemático, el mejor *quipu-camayoc* del Imperio, y un astuto estratega. Su verdadero puesto debería estar al frente del Gran Consejo, pero una vieja ley le impide participar en debates en los que esté en juego la seguridad nacional.

—¿Por qué?

—Porque hace muchos años uno de los suyos reveló secretos de Estado a un joven soldado *chanca*.

—¿Y qué culpa tiene él?

—Ninguna, pero así son las cosas, y no soy quien pueda cambiarlas. El primer deber de un mandatario es acatar las leyes, porque si las manejáramos a nuestro antojo volveríamos a los tiempos del caos y la anarquía.

—Pero no creo que exista ninguna ley que especifique que debe ser la princesa Tunguragua la elegida para morir.

—¡Naturalmente que no! —se enfureció el Inca—. ¿Pero qué pretendes que haga? ¿Negarme alegando que es una niña a la que le tenemos un especial afecto, mientras que no nos importa lo que pueda ocurrirle a cualquier otro niño del reino? ¿Quién aceptaría luego que mis decisiones son justas?

—Lo entiendo —admitió la reina—. Sé que eso no puedes hacerlo, pero me niego a admitir que mi felicidad tenga que asentarse sobre la vida de una criatura, y sobre la desgracia de mi mejor amiga.

—Me temo que hemos caído en una trampa —se lamentó en tono de impotencia su desconsolado esposo—. Una trampa insidiosa y cruel, pero de lo que puedes estar segura es de que Tupa-Gala acabará pagando con la vida sus sucias maquinaciones.

—¿Cuándo?

—En cuanto se me presente la más mínima oportunidad.

—¿Y por qué no ahora?

—Porque si le mandara matar y la tierra temblara o nuestro hijo no naciera, toda la responsabilidad caería sobre mí. Puede que Pachacamac esté ofendido, o puede que no, pero de lo que no me cabe la menor duda es de que si ejecuto sin una razón de peso al sumo sacerdote de su templo, su furia se abatirá sobre nosotros y sobre toda la nación.

—¿Y no intentarás que cambie de idea?

—Naturalmente que lo intentaré.

A la mañana siguiente, apenas el sol hizo su aparición en el horizonte, el Emperador mandó llamar a Tupa-Gala, y en cuanto lo tuvo ante él le espetó sin más preámbulos:

—He estado analizando a fondo tu proposición, y he decidido aceptar que la princesa Tunguragua sea sacrificada a tu señor.

—Creo que has tomado la decisión justa.

—¡Es posible! —fue la seca respuesta—. Pero ten presente una cosa: si mi hijo no llega a nacer, o si de aquí al día en que vea la luz, tu señor Pachacamac da señales de vida y mueve la tierra, serás convertido en *runantinya*, tu cadáver servirá de pasto a los cóndores para que nunca puedas alcanzar el paraíso, y yo mismo me ocuparé de hacer resonar el tambor de tu piel todas las tardes.

La pintarrajeada máscara se contrajo, presa del pánico, y los maquillados ojos refulgieron por unos instantes.

Por último, casi escupiendo las palabras, el sumo sacerdote inquirió:

—¿Estás amenazando a mi señor?

—¡En absoluto! —replicó el Inca esforzándose por conservar la calma—. Jamás amenazaría a un dios, puesto que sabes muy bien que los dioses no debemos enfrentarnos entre nosotros, y supongo que no pondrás en duda que soy hijo del dios Sol.

—¡Nada más lejos de mi ánimo!

—En ese caso, ten presente que es el mismísimo hijo del Sol el que le está haciendo una severa advertencia, no a un dios, sino a un simple ser humano. ¡Recuérdalo!..., un leve movimiento de la tierra, ¡el más ligero!, y puedes considerarte hombre muerto. ¿Lo has entendido?

—Lo he entendido.

—¿Y aun así deseas continuar adelante con la idea del sacrificio?

Tupa-Gala meditó largo rato.

No le cabía la más mínima duda de que había conseguido despertar los peores sentimientos del Emperador, y que lo que ahora estaba en juego era su propio destino; el más terrible que pudiese planear sobre la cabeza de un ser humano, puesto que no sólo la ceremonia del despellejamiento en vivo provocaba escalofríos, sino que a ello se añadía la certeza de que un difunto cuyo cuerpo hubiera sido devorado por los cóndores mientras su piel quedaba expuesta al sol no tenía ni la más remota posibilidad de aspirar a una nueva vida en el más allá.

Incluso los demonios que habitaban en el fondo de los lagos helados huían ante la presencia del alma atormentada de un *runantinya*, puesto que sabían muy bien que quien se hubiese hecho merecedor de tal castigo no era digno de codearse ni con las escurridizas anacondas de los más oscuros pantanos.

Se convertiría en una alma en pena vagando eternamente por los páramos y asustando a los pobres campesinos, que le maldecirían al pasar.

Al fin el Emperador inquirió en tono impaciente:

—Te advierto que tengo importantes asuntos de Estado que resolver, por lo que no estoy dispuesto a perder más tiempo contigo... ¡Decídete de una vez!

Era una apuesta muy fuerte; tal vez la mayor apuesta a la que nadie se hubiera enfrentado nunca, pero Tupa-Gala recordó que los volcanes no humeaban, los ríos no olían a azufre y las chinchillas del templo se reproducían con normalidad, por lo que al fin replicó haciendo un notable esfuerzo para que su voz no delatara la angustia que sentía:

—Confío ciegamente en mi señor Pachacamac, quien me ha asegurado que si el *capac-cocha* se lleva a efecto, dormirá largo tiempo.

—En ese caso espero, por tu bien, que así sea, puesto que, de lo contrario, asistiré en primera fila a tu despellejamiento...

El sumo sacerdote del Templo de «Aquel que mueve la tierra» abandonó el palacio Imperial como entre sueños, para ir a tomar asiento en el primer banco de piedra que encontró en su camino.

Temblaba como una hoja.

Las piernas, las manos e incluso el mentón le temblaban, sin que pudiera encontrar la forma de contener las convulsiones, puesto que el terror que sentía no era atribuible únicamente a la posibilidad de acabar convertido en tambor, sino al hecho, más que evidente, de que había despertado las iras del ser más poderoso del planeta, y tenía plena conciencia de que el Inca no era de los que olvidaban con facilidad.

Se sabía sentenciado.

Pronto o tarde, pronto si el suelo se movía bajo sus pies, o más adelante, cuando ya el heredero hubiese nacido y sus servicios no fueran necesarios, el hijo del Sol transmitiría una escueta orden a cualquiera de sus esbirros para que la noche menos pensada apareciera estrangulado en su propio lecho.

Y el joven Xulca, aquel adorable muchachito que tantas horas de felicidad había sabido proporcionarle durante los últimos años, sería acusado de su muerte y ajusticiado.

¡Se maldijo!

Maldijo la ciega soberbia que le había empujado por un tortuoso camino que conducía al borde del abismo, y se preguntó cómo era posible que hubiera calculado tan erróneamente sus fuerzas a la hora de enfrentarse a quien tenía el mundo en sus manos.

Los viejos rencores le habían jugado una mala pasada.

Había dejado transcurrir la mayor parte de su vida confiando en que el Emperador solicitara sus sabios consejos con respecto a asuntos de los que sabía más que nadie, pero estúpidos prejuicios e injustas leyes arcaicas le habían impedido ocupar el puesto que por méritos propios merecía.

Él habría sabido advertir al Emperador que lo primero que había que hacer era cortar el paso hacia el puente de Pallaca si se pretendía que la batalla de Aguas Rojas significase el fin de Tiki Mancka.

Él habría sabido advertir al Emperador que el sol y la sal destrozarían en muy poco tiempo las frágiles *cabuyas* de las embarcaciones.

Y él sabía cómo hacerle frente a infinidad de problemas a los que el Incario se enfrentaba con frecuencia, pero en lugar de presidir el Gran Consejo se veía obligado a permanecer encerrado en el templo asistiendo a interminables bailes y monótonas cantinelas mientras una cuadrilla de inútiles gobernaban el reino.

¡No era justo!

No era justo que un advenedizo, hijo de miserables

«destripaterrones», alcanzase de la noche a la mañana el grado de general al mando de diez mil hombres y habitase en un palacio de ensueño, mientras que él, primo de reyes, tuviese que contentarse con dormir en una pequeña estancia sin apenas derecho a su propia intimidad.

¡No era justo!

Y no era justo que ahora, cuando al fin se le presentaba la oportunidad de demostrar quién era y cuál era su auténtica valía, la suerte se volviera en su contra hasta el punto de poner en evidente peligro su propia vida.

Permaneció largo rato tan inmóvil como una estatua de piedra, y cuando al fin logró dominar el temblor de sus piernas y alcanzar a duras penas el cercano templo, fue para enfrentarse al lloroso rostro de su adorado Xulca, que parecía encontrarse al borde de una crisis nerviosa.

—¿Pero qué has hecho?... —fue lo primero que inquirió casi a gritos el hermoso mancebo—. ¿Por qué te has empeñado en traer la desgracia sobre nosotros?

—¿De qué me hablas? —se sorprendió.

—¿Que de qué te hablo? —repitió el otro—. Te hablo de lo que ya toda la ciudad comenta, porque en palacio los muros tienen oídos. Te has atrevido a desafiar al Emperador, y nadie ha hecho nunca tal cosa sin acabar en los mismísimos infiernos arrastrando consigo a cuantos le rodeaban. ¡Nos has condenado! ¡A todos!

—Me he limitado a cumplir con mi deber como sumo sacerdote del Templo de Pachacamac.

—¿Tu deber? —casi chilló el otro fuera de sí—. Tu deber era limitarte a protegernos e intentar predecir cuándo se movería la tierra, pero lo único que has hecho es perdernos y conseguir que se muevan los cielos... ¿Qué va a ser de mí ahora? ¿Dónde estaré a salvo de los verdugos del Emperador?

—Yo te protegeré.

—¿Tú?... —fue la despectiva pregunta—. ¿Y cómo?... Bastante tienes con intentar conservar el mayor tiempo posible tu pellejo, y si de algo estoy seguro, es de que, al no poder actuar, de momento, contra ti, el Emperador me elegirá como blanco de su ira... ¡Yo me voy! —concluyó decidido.

—¿Te vas? —se alarmó Tupa-Gala, incapaz de aceptar que tamaña desgracia cayera también sobre sus hombros—. No puedes irte. Te necesito a mi lado.

—A tu lado estoy muerto... —musitó Xulca sorbiéndose los mocos.

—¿Y adónde piensas ir?

—Me vestiré de hombre y me iré al norte, donde tengo familia... Tal vez acepten acogerme hasta que todo esto se olvide...

—¡Pero mi amor...!

—¿Amor?... —repitió el indignado jovencito en tono de profunda amargura—. ¿Qué sabes tú de amor?... Tú únicamente te amas a ti mismo, y tienes tan alto concepto de tu propia valía, que siempre me has considerado un simple pedazo de carne, bueno tan sólo para darte placer. Y eso no es amor; tan sólo es vicio.

—¡No es verdad!...

—Sí que lo es, y no me contradigas porque ya ni siquiera me asustas. Al fin te has atrevido a mostrar tu verdadero rostro, y te aseguro que a mi modo de ver resulta abominable... Quédate aquí asesinando niños, porque lo que es para mí, tú eres el muerto.

Tupa-Gala pasó el resto del día y toda la noche en vela, sentado en el suelo con la espalda apoyada en el muro y sin apartar los ojos de un lecho que había compartido con docenas de hombres maravillosos, y aunque aún se sentía joven y con capacidad de disfrutar de cientos de noches de pasión desenfrenada, no se llamaba a engaño y aceptaba que aquella forma de vida jamás regresaría.

Había sido en aquella misma estancia, la más amplia del templo y reservada desde siempre al sumo sacerdote, donde, siendo apenas un adolescente, su predecesor en el cargo le sodomizó por primera vez una tibia noche de verano, y había perdido ya la cuenta de a cuántos adolescentes había iniciado él mismo a lo largo de todos aquellos años.

Aquél había sido siempre un mundo aparte; un coto cerrado y privilegiado del que el resto de sus conciudadanos preferían mantenerse al margen, y ahora él, su máximo exponente, aquel que con más brío debería defenderlo, lo estaba poniendo en notable peligro.

Se maldijo a sí mismo una vez más, pero cuando el primer rayo de sol anunció la llegada de un nuevo día había tomado una decisión: en vista de que todo parecía perdido, no le quedaba otra opción que correr hacia adelante, sacrificar a la niña, y confiar en que su dueño y señor, el dios Pachacamac, no decidiera traicionarle.

Si la tierra no se movía, y el heredero al trono veía la luz sano y salvo, tal vez el Emperador acabara por aceptar que actuó de buena fe, y que aquel inevitable sacrificio era el camino que conducía a la salvación del Incario, librándole definitivamente de caer en el caos, la disgregación y la anarquía.

La princesa Sangay Chimé perdió el sentido en el momento mismo en que una docena de soldados se presentaron a la puerta de palacio y le arrebataron a su hija.

Ni siquiera gritó.

Ni siquiera lloró.

Se limitó a desvanecerse y a permanecer luego como alelada hasta el mismo momento en que su esposo llegó bramando de ira y amenazando con cortarle la cabeza a cuantos se habían atrevido a ponerle la mano encima a su adorada Tórtola.

—¡Cálmate! —fue todo lo que acertó a decir con un hilo de voz apenas audible—. Nada conseguirás con cortarle la cabeza a nadie. El Cóndor Negro ha venido a posarse sobre el techo de nuestra casa, y cuando algo tan terrible ocurre no se puede hacer nada.

—¿Cómo que no se puede hacer nada? —se asombró Rusti Cayambe—. ¡Me niego a aceptarlo! Reuniré a mis hombres, y...

—Tus hombres te adoran, lo sé... —admitió ella—. Pero ni siquiera cien mil de ellos bastarían para arrancar a Tunguragua de las garras de los dioses, porque sospecho que ésta es una de esas situaciones que esos mismos dioses propician para burlarse de los seres humanos, pues saben que a la larga todos saldrán perdiendo.

—¿Qué pretendes decir con eso?

—Que nosotros perderemos a nuestra hija; Tupa-Gala, la vida; el Emperador, la fe en su poder, y la reina, su propia estima... Nadie saldrá ganando porque, al fin y al cabo, a «Aquel que mueve la tierra», si es que existe, poco le importa la vida de un niño más o menos. Cada vez que se manifiesta aplasta a cientos.

—¿Y piensas resignarte a que así sea?
—¿Y qué otra cosa podemos hacer?
—¡Luchar!
—¿Contra qué, o contra quién? —quiso saber ella—. Éste es el mundo en el que nos ha tocado vivir, y en el que nos considerábamos unos privilegiados porque se nos había concedido lujo, abundancia, comodidades, siervos, amor y consideración social... —Dejó escapar un hondo suspiro—. Y para colmo de bienes... ¡una hija maravillosa! Pero de pronto, cuando todo en la vida nos sonreía, viene el recaudador de impuestos de los dioses a devolvernos a la realidad, despojándonos de aquello que más nos importa...
—¿Y no se te antoja injusto?
—¡Desde luego! ¿Pero acaso tenemos derecho a desesperarnos?
—¡Sí!... —replicó Rusti Cayambe, seguro de lo que decía—. Tenemos todo el derecho del mundo. ¿Qué me importan los palacios, los lujos o los siervos? ¿Qué me importa la consideración social o mi rango de general? Estoy dispuesto a volver a ser un humilde capitán y a vivir en la vieja choza de mis padres, pero no estoy dispuesto a perder a Tunguragua.
—Pues ya la hemos perdido... —fue la desalentada respuesta de su esposa—. Hazte a la idea de que llegó la muerte y nos la arrebató, puesto que, de igual modo que nada se puede hacer contra la muerte, nada se puede hacer contra los caprichos de los dioses.
—¡Pero es que aún no está muerta! —le recordó él.
—Lo sé, y eso es lo que más me entristece, porque imagino que nos estará llamando, perdida y asustada. Tienen que conducirla hasta la cima de una lejana montaña, y durante todo ese tiempo sufrirá lo indecible porque creerá que la hemos abandonado.
—¡Señor, señor! —musitó, incapaz de contenerse, el general Saltamontes—. ¿Por qué has enviado sobre nosotros todo el peso de tu ira?
—Probablemente porque fui una insensata al rebelarme contra las normas establecidas —señaló ella—. Imaginé

que tenía derecho a unirme a aquel a quien mi corazón había elegido, y ahora descubro que me obligan a pagar por ello.

—¡Pero el mismísimo Emperador bendijo nuestro matrimonio!

—Pero el Emperador no es dios, por más que se empeñe en creérselo... Si ni siquiera controla el destino de sus propios hijos, que se niegan a nacer, ¿cómo vamos a esperar que controle el destino de Tunguragua? Estoy segura de que se la están arrebatando de las manos al igual que nos la han arrebatado a nosotros.

—¡Pero si él quisiera...!

—¡Quiere, pero no puede!

—Bastaría con una orden suya.

—Esa orden podría acarrear el desmoronamiento del Imperio, y lo sabe —puntualizó Sangay Chimé, que se iba serenando por momentos—. El heredero aún no se encuentra firmemente afianzado en el vientre de la reina, por lo que su nacimiento continúa siendo una incógnita. Si una vez más se malograra, y el Inca hubiera cometido el imperdonable error de ignorar las costumbres y las leyes, los secesionistas tendrían razones más que suficientes para descalificarle, con lo que su larga dinastía se habría extinguido.

—Veo que razonas como un miembro de la nobleza y empiezas a tomarte las cosas con excesiva calma.

—«Soy» un miembro de la nobleza, pero la resignación nada tiene que ver con la calma —le hizo notar ella—. Mi alma está desgarrada y mi corazón revienta de ira, pero lo que más daño me causa es la impotencia. Lo único que deseo es morir, y no dudaría un segundo a la hora de dar mi vida por la de Tunguragua, pero me consta que no aceptarían el cambio. —Le miró directamente a los ojos—. ¿Qué podemos hacer más que pedir que los cielos nos concedan resignación? —quiso saber.

—Ya te lo he dicho...: luchar.

—¿Luchar? —repitió la princesa en tono de profunda fatiga—. ¿Luchar contra qué o contra quién? Ni siquiera el Gran Consejo se atrevería a desafiar a Pachacamac, que ha sido, desde el comienzo de los tiempos, el gran azote del Incario. Recuerda el terremoto de hace doce años. Dejó los campos sembrados de cadáveres, y el maestro de ceremonias perdió de golpe a tres de sus hijos. ¿Crees que lo ha olvidado? ¿Crees que no vive con el terror de que vuelva a suceder? Si Tupa-Gala amenaza con despertar a su señor, hasta el último consejero correrá como una ardilla.

—¡Le mataré!...

—Y yo te agradeceré que lo hagas, pero no ahora. Espera a que nazca el príncipe, y si el Emperador no lo ejecuta, arráncale el corazón y arrójalo al fondo del lago Titicaca para que su alma en pena pase el resto de la eternidad buscándolo inútilmente...

—¡Mi ama!...

La princesa se volvió molesta hacia la excitada nodriza que había hecho su aparición en la entrada del salón.

—¿Qué quieres ahora? —inquirió impaciente.

—¡Venga a ver esto!

Salieron a la terraza en la que Rusti Cayambe solía jugar cada tarde con la niña.

Ya era noche cerrada, pero una extraña claridad lo iluminaba todo, y cuando se aproximaron a la balaustrada y el Recinto Dorado se extendió bajo ellos, descubrieron que el sagrado Campo del Sol se encontraba completamente invadido por miles de cuzqueños, y que cada uno de ellos, fuera hombre, mujer o niño, portaba en la mano una pequeña lámpara de aceite.

Permanecían en respetuoso silencio, compartiendo su dolor al igual que tiempo atrás compartieron su alegría

Sangay Chimé se esforzó por mostrarse fuerte y serena, pero al poco gruesas lágrimas corrieron por sus mejillas, y su esposo tuvo que sujetarla por la cintura para conseguir que se mantuviera en pie.

Allí, bajo ellos, se encontraba todo un pueblo, ¡su pueblo!, intentando consolar a unos padres inconsolables, puesto que hasta el último de los presentes comprendía que la desgracia que se había abatido sobre ellos superaba cualquier capacidad de resistencia.

Permanecieron en la terraza largo rato, como hipnotizados por el mar de diminutas llamas parpadeantes, y al fin se encaminaron a la habitación de Tunguragua, se abrazaron a su muñeca predilecta y permitieron que un llanto incontenible ahogara por unos instantes su indescriptible pena.

Desde el ventanal de su dormitorio, la reina Alia contempló de igual modo a la multitud que no se había movido de su sitio, y al poco se encaminó a la estancia en la que su hermano solía pasar las horas cuando se encontraba inquieto o preocupado.

—¿Has visto lo que está sucediendo? —inquirió, y ante el mudo gesto de asentimiento, añadió en tono cortante—: Te eduqué para ser el único dueño de tu propio destino y siempre me había sentido orgullosa de mi obra, pero ahora advierto que por primera vez has perdido el control. Esos de ahí están intentando decirte algo y son tu pueblo, pero tú no lo escuchas.

—¡Lo escucho! —le contradijo él—. ¡Naturalmente que lo escucho! ¿Pero qué puedo responder? ¿Acaso uno solo de entre todos ellos es capaz de garantizar que la tierra no va a estremecerse? ¿Acaso me garantizas tú, su madre, que mi hijo va a nacer sano y salvo? —Extendió la mano y la colocó sobre el vientre que ya aparecía levemente abultado—. ¡Está aquí dentro! —dijo—. Apenas el grosor de un dedo me separa de él, y sin embargo aún lo siento muy lejos... —Movió de un lado a otro la cabeza, pesaroso—. ¡Si pudiera hablarme! Si pudiera decirme que se siente fuerte, seguro y decidido, y que ningún terremoto le obligará a desistir de su intención de ver la luz de su padre el Sol, te juro que en este mismo momento mandaría despellejar a quien tanto daño nos está causando... —Negó de nuevo—. Pero aún no me habla; ni siquiera me da una señal de que está vivo.

—¡Lo está!

—¿Cómo lo sabes?

—Porque es parte de mí, y porque si estuviera muerto también yo lo estaría —fue la decidida respuesta—. Vive, crece y se fortalece día tras día... Y lo que más deseo es que el día de mañana se sienta tan orgulloso de ti como yo misma me siento... —Le tomó el rostro entre las manos, le obligó a mirarle directamente a los ojos y suplicó ansiosamente—: ¡Impide esa ceremonia!...

El Inca reflexionó unos instantes, luego hizo sonar una campanilla y en cuanto un guardia hizo su aparición ordenó con voz ronca:

—Dile al *quipu-camayoc* que busque el gran *quipu* dedicado a Pachacamac y lo lleve cuanto antes a la sala del trono... ¡Rápido!

Minutos más tarde acomodó a la reina Alia en el trono de oro y esmeraldas, tomó asiento a sus pies y aguardó paciente hasta que un anciano que lucía en la cinta que ceñía su cabeza el distintivo de la media luna de plata que le acreditaba como experto intérprete de *quipus* hiciera su entrada precediendo a dos esclavos que portaban unas andas de madera sobre las que descansaba un enorme cesto de mimbre.

Hicieron ademán de arrodillarse para aproximarse arrastrándose tal como ordenaba el protocolo, pero el Emperador hizo un impaciente gesto con la mano impidiéndoselo.

—¡Vamos a lo que importa! —dijo—. Limítate a contarle a la reina lo que dice ese *quipu*.

El anciano se apresuró a abrir el cesto del que comenzó a extraer con sumo cuidado una gruesa maroma que uno de sus sirvientes iba extendiendo hasta ir a colgarla de un gancho de la pared lateral, que parecía estar situado allí a tal efecto.

La cuerda, casi tan gruesa como la muñeca de un muchacho, servía de soporte a otras muchas de distintos colores, anchura o tamaño, que aparecían a su vez repletas de nudos de muy diversas formas.

Cuando el cabo principal quedó totalmente extendido, medía unos siete metros de longitud, y eran tantas y tan compactas las cuerdas que caían de él que conformaban una espesa cortina impidiendo incluso distinguir lo que se encontraba al otro lado.

Los dos sirvientes afirmaron al muro opuesto el otro extremo y, tras sacudir con habilidad las cuerdas varias veces con el fin de que cayeran con total naturalidad, el hombre de la media luna de plata en la frente se volvió a sus soberanos para señalar:

—Éste es, oh, gran señora, el *quipu* más grande, más antiguo y más completo de cuantos existen en el Incario. Se comenzó, por orden de Sinchiroca, hijo primogénito de nuestro primer Inca, Manco Cápac, y está dedicado en su totalidad a recordar las actividades del dios Pachacamac.

—¿Únicamente a Pachacamac? —no pudo por menos que asombrarse la reina Alia.

—Únicamente a aquellas erupciones volcánicas o movimientos telúricos que provocaron un número considerable de víctimas o destrucciones dignas de ser tenidas en cuenta, mi señora... —puntualizó el anciano.

—¡No es posible!

—Lo es, mi señora... Este primer conjunto de nudos sobre el hilo color verde que puedes ver corresponden al gran cataclismo que tuvo lugar durante el mes de las lluvias del séptimo año del tercer Inca, Lloque Yupanqui, y que arrojó, según está perfectamente registrado, un balance de algo más de doscientos mil muertos...

El Emperador alzó el rostro hacia su esposa, advirtió la impresión que la cifra le había causado e indicó con un leve ademán al traductor que continuara con su relato.

Éste asintió, se inclinó, alzó otra de las cuerdas que colgaban, la analizó y al poco señaló:

—Aquí nos encontramos con una detallada referencia a la erupción del «Venenoso», un diminuto picacho perdido en la cordillera central, pero cuyos gases acabaron con todo rastro de vida animal o humana en dos días de marcha a la redonda. Tuvo lugar durante todo el cuarto año del reinado del muy valeroso Mayta Cápac... —El *quipu-camayoc* hizo una pausa, respiró hondamente, eligió una cuerda negra que en realidad no era más que un amasijo de nudos que se superponían de una forma en apariencia totalmente caótica, pero que para él parecía tener un significado muy claro, y con voz grave añadió—: Lo que ahora te muestro corresponde a una de las peores catástrofes de nuestra historia, y sucedió durante el reinado de Yahuar Inca. Cuenta que en un valle de la región de Cajamarca existía una próspera ciudad cuyos campos regaba un hermoso lago. Una noche, Pachacamac se despertó enfadado, todo se estremeció, y la nieve acumulada en la cima de la montaña se deslizó hasta el lago, cuyas aguas se desbordaron cayendo como una gigantesca ola sobre quienes aún dormían. Ni uno solo de sus habitantes sobrevivió, y la ciudad quedó sumergida para siempre bajo un manto de lodo al que el sol solidificó con el tiempo. En estos momentos no sabemos dónde se encontraba exactamente...

La reina guardó silencio unos instantes, y al fin colocó suavemente la mano sobre el hombro de su esposo, que continuaba sentado a sus pies.

—¿Qué es lo que pretendes con todo esto? —quiso saber.

—Supongo que está muy claro... —fue la tranquila respuesta—. Pretendo que comprendas que nos enfrentamos al peor de los enemigos imaginables: aquel contra el que ninguno de mis antepasados ha logrado triunfar... —Se dirigió ahora directamente al anciano—: ¿Cuántos muertos aparecen registrados en ese *quipu* a lo largo de nuestra historia? —quiso saber.

—¿En total? —se alarmó el aludido.

—Aproximadamente...

El buen hombre se esforzó por disimular un gesto que tal vez pretendía indicar que aquélla era una cifra casi imposible de calcular, pero optó por hacer un somero recorrido por cada una de las cuerdas del extraño ábaco en el que se contabilizaban no sólo las cifras, sino también las fechas y los nombres, y por fin masculló no muy convencido:

—Establecer sin lugar a dudas una cantidad exacta me llevaría días de estudio, mi señor, pero muy por encima puedo asegurar que supera los dos millones de muertos.

—¿Dos millones? —se horrorizó la reina—. ¿Veinte veces los habitantes del Cuzco?

—Algo más, oh, gran señora... La semana próxima podría daros una respuesta definitiva...

—¡No es necesario! —le atajó el Emperador—. ¡No es necesario! Ahora puedes dejarlo todo y retirarte...

Cuando los tres hombres hubieron abandonado el amplio salón, el Inca se puso en pie, se aproximó al gigantesco *quipu* hasta casi rozarlo y volviéndose a su esposa inquirió:

—¿Entiendes ahora por qué me comporto como lo estoy haciendo? «Aquel que mueve la tierra» no ha respetado a ninguno de mis predecesores, ha hecho siempre lo que le ha venido en gana, y en este mismo instante puede chasquear los dedos y provocar que estos muros se nos vengan encima... ¿Sinceramente crees que estoy en disposición de irritarle mandando matar a su máximo representante entre nosotros? ¿Puedo hacerlo sin que quizá el día de mañana figure en este *quipu* como el Emperador más insensato de la historia?

—¡Pero la pobre Tunguragua...!

—La pobre Tunguragua no será más que un diminuto nudo en la más pequeña de las *cabuyas* que cuelgan de este cabo... —fue la amarga respuesta—. Triste, lo admito, pero no más triste que el destino de esos dos millones de inocentes.

Con esa frase, el Emperador pareció dar por zanjado el tema, permitiendo que a partir del día siguiente comenzase a prepararse la gran expedición que habría de conducir a la pequeña Tórtola hasta la cima del volcán Misti, en el que, según Tupa-Gala, dormía por aquel tiempo su señor.

Mil peregrinos deberían acompañarla; hombres y mujeres, soldados y porteadores, músicos y sacerdotes, y entre todos conformarían una larga procesión que recorrería una buena parte del país para que los habitantes de todos aquellos lugares por los que atravesaban pudieran alabar a la princesa, uniendo sus plegarias para que «Aquel que mueve la tierra» tuviera a bien aceptar la ofrenda que se le hacía y consintiera en mantenerse inactivo durante mucho, mucho tiempo.

Se eligieron cuidadosamente las más delicadas telas con las que las más hábiles bordadoras confeccionarían las cien hermosas túnicas que la niña habría de lucir durante su largo viaje, y los orfebres trabajaron día y noche con el fin de concluir a tiempo las figuras de oro, plata, cobre y piedras preciosas que Tunguragua ofrecería como presente a Pachacamac.

Los traductores del templo descifraron en los *quipus* rituales cada detalle de una antigua ceremonia que no se había puesto en práctica durante casi un siglo, y el más afamado perfumista de la corte se encerró en su laboratorio buscando una nueva esencia exclusiva para tan magna ocasión.

Pese a que su amadísimo Xulca había huido sin dejar rastro, y el dolor y el pánico conformaban una especie de amarga bola que se aferraba a la boca de su estómago, Tupa-Gala parecía estar viviendo sus horas de máxima gloria, puesto que no paraba de dar órdenes, desarrollando una increíble actividad y revisando personalmente cada detalle de lo que parecía haberse convertido en la culminación de toda una vida dedicada a su iracundo señor.

Tenía plena conciencia de que se había convertido en el personaje más aborrecido del Cuzco, pero cabría imaginar que tal aborrecimiento tenía la extraña virtud de engrandecerle, puesto que siempre había sido uno de esos seres humanos que preferían el odio a la indiferencia.

En aquellos momentos estaba ejerciendo un poder casi tiránico sobre cuantos le rodeaban, y a su modo de ver eso era algo por lo que valía la pena arriesgarse incluso a perder la vida a corto plazo.

Al fin y al cabo, su vida había llegado a un punto, cercano ya a los cuarenta años, en que su futuro se hubiera limitado a irse convirtiendo día tras día en una especie de vieja momia cada vez más pintarrajeada, juguete en manos de unos jovencísimos amantes que la despreciarían tal como él había llegado a despreciar al anterior sumo sacerdote, y que se resignarían a compartir su lecho porque así lo indicaban las costumbres.

Aquélla era, sin lugar a dudas, la ocasión idónea para jugárselo el todo por el todo, consciente de que se le ofrecían muy escasas posibilidades de salir convertido en un personaje clave en la vida nacional y muchas de acabar transformado en *runantinya*.

Evitar ese último destino tenía sin embargo una facil solución: la cápsula de rápido, eficaz e indoloro veneno que llevaba colgada al cuello, y que sabía muy bien que en cuestión de horas pudriría su cadáver, piel incluida, sin dar la oportunidad ni al más hábil de los verdugos de transformarla en tambor.

Lo único que se requería era el valor suficiente para ingerirla en el justo momento en que Pachacamac decidiera traicionarle, despertándose a destiempo.

Si no era así; si su señor decidía convertirse en su aliado, todo el Incario se vería obligado a admitir que le asistía la razón y se habría ganado, indiscutiblemente, un puesto en el Gran Consejo.

Una vez en él, encontraría la forma de desmostrar que ninguno de aquellos viejos inútiles era digno de calzarle las sandalias.

La princesa Sangay Chimé pidió permiso para ver a su hija, pero le fue formalmente denegado.

A lo más que se avino Tupa-Gala fue a aceptar que la fiel nodriza de la niña se hiciera cargo de ella y pudiera acompañarla durante el largo viaje, cuidándola y consolándola hasta en sus últimos momentos.

A la vista de ello, la princesa se hundió en una profunda melancolía, acudiendo por último a buscar refugio en algo que en un principio pareció que contribuía a hacer más llevadera su desgracia, pero que a la larga acabaría volviéndose contra ella: el abuso de la coca.

Como miembro de la familia real, tenía libre acceso a la verde planta sagrada, por lo que comenzó a masticarla a todas horas, hasta conseguir sumirse en un estado de semiinconsciencia del que no parecía existir forma humana de arrancarla.

Los primeros días, Rusti Cayambe agradeció que la droga aliviara en cierto modo los sufrimientos de su esposa, pero llegó un momento en que comenzó a alarmarse, puesto que la que había sido siempre una mujer entusiasta y vitalista parecía correr el riesgo de convertirse en una especie de muerto viviente.

Intentó impedirle el acceso a la coca por todos los medios a su alcance, pero resultó evidente que, en cuanto daba media vuelta, ella encontraba la forma de obligar a sus sumisos esclavos que se la proporcionaran.

Al fin y al cabo, tanto los esclavos como los sirvientes, como el palacio o cuanto en él había eran suyos, ya que el general Saltamontes, por muy general al mando de diez mil hombres que fuera, poco más que su prestigio personal había podido aportar al matrimonio.

Tomar conciencia de que su única hija iba a ser enterrada en vida en una diminuta cueva de la cima de un picacho nevado, y que su esposa se estaba convirtiendo en una adicta a las drogas, pesaban como una insoportable losa sobre el espíritu de un hombre que había sabido enfrentarse al ardiente desierto, a los rebeldes montañeses, al embravecido mar e incluso a los temidos *araucanos*, pero que se sentía absolutamente impotente a la hora de hacer frente a tan graves problemas personales.

Pusí Pachamú era la única persona de su entorno a la que podía acudir en demanda de consejo, pero lo cierto era que escaso era el aporte de soluciones que su fiel lugarteniente podía proporcionarle.

—Puedo seleccionar un centenar de hombres que darían la vida por ti... —le dijo en cierta ocasión—. Pero no creo que contemos ni tan siquiera con una docena que sean capaces de arriesgarse a afrontar las iras del Emperador. El problema nos ha desbordado a todos.

—Jamás se me pasaría por la mente proponerle a uno solo de mis hombres que hiciera nada que estuviera en contra de los deseos del Inca —sentenció su superior—. Cuando me alisté en el ejército le juré lealtad y cumpliré ese juramento aunque el dolor que siento acabe por matarme.

—¿Qué puedo hacer por ti?

—Nada, amigo mío. Desgraciadamente, ni tú ni nadie puede hacer nada por aliviar mi pena.

No obstante, cuatro días antes de que la gigantesca expedición emprendiera al fin el tortuoso viaje que habría de conducirle a las cumbres del volcán, Pusí Pachamú acudió a visitar a su general para comentarle en voz muy baja, como si temiera que algún siervo indiscreto pudiera estar escuchando:

—¿Has oído hablar de Xulca?

—¿Xulca?... ¡En absoluto! ¿Quién es?

—El amante de Tupa-Gala. Un joven sacerdote del que al parecer ese malnacido está locamente enamorado, pero que le ha abandonado, aterrorizado ante lo que está sucediendo.

—¿Y...?

—El capitán Quisquis le conoce. Los dos son de Huaraz y sus padres eran casi vecinos... —Bajó aún más la voz hasta que resultó casi inaudible al añadir—: Quisquis está convencido de que Xulca ha huido hacia el norte, pero que no se dirigirá a Huaraz, sino a Huanuco, donde vive una hermana de su madre...

—¿Y qué estás tratando de decirme con eso?

—Que si le pusiéramos la mano encima, tal vez Tupa-Gala se prestase a un acuerdo: su vida por la de Tunguragua.

—¿Te das cuenta del alcance de lo que me estás proponiendo?

El otro asintió convencido.

—¡Naturalmente! —replicó—. Te estoy proponiendo cometer un delito severamente castigado por las leyes del Imperio, pero que se me antoja casi una nimiedad en comparación con el delito, amparándose en esas mismas leyes, que está a punto de cometerse en la persona de tu hija.

—Eso no me exime de culpa.

—Tal vez no, pero la justifica, y creo que el Emperador se sentiría muy feliz de pasar el tema por alto si fuese el mismísimo sumo sacerdote de Pachacamac el que de pronto decidiese que ya no resulta imprescindible celebrar ese sacrificio.

—Tienes una mente retorcida.

—Tú me enseñaste a salvar los abismos y evitar los desiertos... —fue la sonriente respuesta—. Cuando un camino se cierra, se abre un atajo que con frecuencia nos puede llevar al mismo punto. Si a Tupa-Gala no se le puede atacar de frente, tenemos que atacarle por la espalda, e incluso un poco más abajo, que es donde se encuentra su verdadero punto débil.

El general Saltamontes meditó sobre cuanto su lugarteniente acababa de proponerle, y pese a que le repugnaba tener que rebajarse a echar mano a semejante tipo de artimañas, la evidencia de que lo que estaba en peligro era la vida de su hija, e incluso tal vez la de su esposa, se impuso, por lo que acabó haciendo un leve gesto de asentimiento.

—Envía a Quisquis y a dos de nuestros fieles a Huanuco. Que comprueben que Xulca está allí, lo mantengan vigilado y me envíen un mensaje a través de los *chasquis* reales indicando que mi madre se encuentra enferma. Eso me proporcionará una disculpa para salir del Cuzco... —Alzó la mano en señal de advertencia—. Esto no quiere decir que acepte tu idea. Tengo que reflexionar sobre ella con más detenimiento, y es probable que acabe rechazándola, pero si algo he aprendido en el ejército es que conviene buscar alternativas... —Lanzó un profundo resoplido para inquirir al poco—: ¿Debería comentárselo a Sangay Chimé, o tal vez sería perjudicial hacerle concebir esperanzas que a la larga no se cumplan?...

—Eres tú quien la conoce mejor que nadie... —se limitó a replicar su subordinado—. Yo sé muy bien cómo reaccionaría mi mujer, pero no tengo ni idea de cómo lo haría la tuya.

—¿Pero qué harías si te encontraras en mi situación? —insistió su general.

—Sinceramente, no lo sé —admitió Pusí Pachamú, a quien resultaba más que evidente que el nuevo giro de la conversación le obligaba a sentirse incómodo—. Nos conocemos desde hace mucho tiempo, hemos pasado juntos hambre, peligros y dificultades, en ciertos momentos nos comportamos casi como hermanos, pero vives en un mundo para mí tan extraño como el mismísimo desierto de Atacama... ¿Qué sé yo de cómo piensa una princesa? *Mama Quina* es una mujer sencilla y obediente, buena esposa y buena madre, a la que si le dijeran que uno de sus hijos va a ser sacrificado a Pachacamac lo aceptaría del mismo modo que aceptaría que lo han matado las fiebres. Así es la vida para ella, tal vez porque de niña no le enseñaron otra cosa. —Se encogió de hombros aceptando su impotencia—. Pero Sangay Chimé desciende de reyes, le enseñaron a pensar desde pequeña, y conoce secretos que se me antojan insondables... ¡No me pidas consejo! —suplicó—. Nada de cuanto diga te serviría de nada.

Tras toda una noche en vela, puesto que casi todas sus últimas noches solía pasarlas en vela, Rusti Cayambe llegó a la conclusión de que de momento no valía la pena contarle nada a su mujer sobre el arriesgado y en cierto modo absurdo plan que Pusí Pachamú le había propuesto.

No creía que estuviera en condiciones de entender de qué demonios le hablaba, ya que se había sumido en una especie de letargo del que no emergía más que para reclamar otro puñado de hojas de coca que mezclar con un poco de cal y llevarse a la boca.

No comía, no dormía, casi no bebía, y durante los dos últimos días ni siquiera lloraba.

Rusti Cayambe se acomodaba frente a ella, a velar sus delirios, y en ocasiones tenía la impresión de que no la reconocía, pues nada tenía en común con la dulce y apasionada criatura con la que había compartido tantas horas de felicidad, ni incluso con quien en un primer momento pareció aceptar, con fría y resignada calma, que el Cóndor Negro hubiese extendido sus pestilentes alas sobre su apacible hogar.

Al verla, sucia, demacrada, con la mirada perdida y una espesa baba verdosa cayéndole por la comisura de los labios mientras masticaba obsesivamente las pequeñas hojas crujientes, se preguntó qué imperdonable pecado había cometido para que el dios Pachacamac le arrebatara a su hija, y la planta sagrada a su esposa.

—¿Por qué me haces esto? —inquirió un amanecer en el que ella pareció encontrarse menos ausente que de costumbre—. ¿Por qué me castigas de este modo cuando sabes muy bien que mi dolor es tan profundo como el tuyo?

—¡Tórtola!... —fue todo lo que obtuvo como respuesta—. Mi pequeña Tórtola... ¿Dónde está? ¿Por qué me la han robado?

A veces, ¡sólo a veces!, a Rusti Cayambe le asaltaba la angustiosa sensación de que le estaba culpando por lo ocurrido, como si el sacrificio de su hija se debiera únicamente a la falta de nobleza de su sangre, pero en su estado actual no cabía intentar hacerla comprender que sin esa sangre, noble o no, la niña nunca hubiera venido al mundo.

Por fin, al comprender que permitiéndole continuar por aquel camino la perdería definitivamente, mandó llamar a seis de los hombres que le habían acompañado en su difícil viaje a la tierra de los *araucanos* y en los que confiaba a ojos cerrados, para ordenarles que montaran guardia en la puerta del dormitorio de su esposa, sin permitirle salir bajo ninguna circunstancia.

—Y si a algún siervo se le ocurre la idea de intentar proporcionarle hojas de coca, cortarle la cabeza en el acto. ¡Es una orden!

Los alaridos, las protestas y los insultos de la princesa Sangay Chimé resonaban una y otra vez por las estancias del palacio en el momento en que una larga procesión partía de las puertas del Templo de Pachacamac para encaminarse, con resonar de flautas y tambores, hacia el camino que descendía en dirección suroeste, pero Rusti Cayambe se mantuvo firme en su idea de que, bajo ningún concepto, pudiera volver a drogarse.

Sordo a sus súplicas, se limitó a salir a la terraza a ver cómo seis porteadores llevaban en andas la silla de oro en que se sentaba su hija, y no sintió vergüenza alguna por el hecho de llorar a solas y en silencio al observar cómo la larga hilera de hombres y mujeres atravesaba muy despacio el inmenso Campo del Sol.

Pese a que las lágrimas le cegaban, al poco advirtió que algo sorprendente ocurría: nadie, ni un solo ser humano que no perteneciese al triste cortejo, se mostraba a la vista.

Todos los cuzqueños, hasta el último de ellos, habían abandonado las calles y las plazas en muda y silenciosa protesta por semejante acto de barbarie, y si Tupa-Gala había imaginado que aquélla se convertiría en una gloriosa jornada, debió de sufrir una tremenda decepción al comprobar que ni un solo testigo podría dar fe de que había abandonado la capital del reino al frente de sus huestes.

Sentado en su amplio palanquín que diez esclavos ricamente ataviados cargaban sin aparente esfuerzo, permanecía muy erguido, con la cabeza alta y el gesto desafiante, como si estuviera retando a todos y cada uno de los cuzqueños a que le escupieran a la cara todo el desprecio que sentían, puesto que cabría imaginar que cuanto más le odiaran más se fortalecía.

Cuanto había ocurrido durante aquellas tres últimas semanas había conseguido hacer emerger de lo más profundo de sí mismo toda la maldad que anidaba en lo más íntimo de su alma y que ni siquiera él mismo había sabido nunca que se encontrara allí, porque tal vez lo más dramático de aquella aberrante situación se centraba en el hecho de que nadie, ni tan siquiera el mismo Tupa-Gala deseaba que llegara a buen fin.

La complejidad de la condición humana ha conducido en infinidad de ocasiones a situaciones igualmente paradójicas, en las que unos determinados acontecimientos encadenan otros que arrastran a su vez a unos terceros y así hasta llegar a un punto en el que la sinrazón se desborda sin que ninguna fuerza acierte a contenerla...

Pese a su perfecto ensamblaje, en apariencia sin la más mínima fisura, la sociedad incaica no se encontraba a salvo de semejante fenómeno, como no se ha encontrado nunca ninguna otra sociedad conocida, puesto que al igual que en los más altos picachos de la cordillera gruesas rocas se partían de improviso a causa de un brusco cambio de temperatura, así de pronto podía resquebrajarse la bien construida pirámide imperial, sin que nadie acertara a explicar las razones ni el punto por el que se había iniciado la fisura.

Un leve temblor de tierra habitual en semejantes latitudes, unas gotas de sangre femenina sin aparente importancia, el caldo de cultivo de un pueblo inquieto por su futuro y un hombre que no había sabido calibrar sus propias fuerzas habían acabado por provocar el caos sin razones de auténtico peso.

Como el amante que no sabe pedir perdón en el momento justo pese a que en lo más íntimo de su ser esté deseando hacerlo, opta por abandonar el hogar aun a sabiendas de que con ello está cavando su propia fosa, así Tupa-Gala abandonaba su ciudad con la frente muy alta y el corazón sangrante, consciente de su error, pero consciente, de igual modo, de que jamás se rebajaría a aceptar que se estaba equivocando.

Y es que el falso orgullo y la soberbia han causado muchas más víctimas que la mayor parte de las guerras.

A lo largo de la historia, el ser humano ha demostrado ser mucho más capaz de enfrentarse abiertamente a los grandes errores y a los graves problemas que a los pequeños errores que se enquistan o a los estúpidos problemas que inexplicablemente comienzan a multiplicarse.

Cien mil cuzqueños no deseaban que aquel hombre emprendiera un camino sin retorno; aquel hombre no deseaba abandonar el Cuzco, pero aun así se marchaba.

Y con él se llevaba a una niña asustada a la que ya no le quedaban lágrimas, y que lo único que deseaba era volver a despertarse en brazos de su madre.

Rusti Cayambe permaneció inmóvil en la terraza hasta que el grupo de soldados que cerraban el cortejo desaparecieron de su vista al doblar la esquina del Templo de la Luna, escuchó la melancólica música de las *quenas* hasta que se perdió por completo en la distancia y se encaminó a la habitación de la pequeña Tunguragua, en la que solía dejar pasar las horas contemplando sus juguetes.

El esquivo dios del sueño se apiadó de él y acudió a visitarle, devolviéndole a los hermosos atardeceres en que hacía bailar trompos de colores entre las exclamaciones de regocijo de su hija.

Le devolvió a las noches de amor en brazos de su esposa, cuando aún ni siquiera sospechaban que el mal había abandonado ya su oscura cueva y acudía en su busca, e incluso le devolvió a los días en que se enfrentó a un mar embravecido.

Durmió durante dos días y dos noches, y cuando al fin abrió los ojos fue para enfrentarse a la princesa Sangay Chimé, limpia y peinada, que le observaba serena y con una amarga sonrisa a flor de labios.

—Me alegra comprobar que al fin has conseguido descansar —musitó apenas—. Me tenías preocupada.

—Y tú a mí.

—Te ruego que me perdones... —suplicó ella en un tono que no dejaba lugar a dudas con respecto a su sinceridad—. Sé que hice mal, porque la coca alivia muchos dolores, pero no cierra las heridas cuando son tan profundas... —Hizo una corta pausa para añadir—: Esta mañana llegó un *chasqui* para anunciarte que tu madre está enferma.

Su marido se irguió en el acto como si le hubiera picado una víbora.

—¿Estás segura de que es eso lo que ha dicho? —inquirió—. ¿Que mi madre está enferma? —Ante el mudo gesto de asentimiento, exclamó alborozado—: ¡Bendito sea!

—¿Pero qué te ocurre? —quiso saber su estupefacta esposa—. Te anuncian que tu madre está enferma y se diría que te alegras.

Él tardó en responder, la observó largamente, pareció estar calibrando su estado de ánimo, y por último señaló:

—Mi madre está bien. Se trata de un mensaje en clave que significa que uno de mis capitanes tiene en su poder al joven amante de Tupa-Gala.

Ella meditó unos instantes, le miró a los ojos con fijeza y pareció comprender lo que estaba pasando por su mente.

—¿Acaso estás pensando en proponerle un trueque?
—Es una posibilidad.
—Arriesgas la vida en ello.
—Lo sé.
—¿Y no te importa?
—Si a ti no te importa, no. El otro día aseguraste que estabas dispuesta a dar tu vida a cambio de la de Tunguragua... Yo también.
—¡Pero es una locura!
—Todo cuanto está sucediendo se me antoja una locura, pero la única cosa verdaderamente sensata que se me ocurre es salvar la vida de nuestra hija a cualquier precio.
—Jamás podrías volver al Cuzco.
—Lo sé.
—Te convertirías en un proscrito.
—Lo sé.
—Incluso tus propios soldados te buscarían en el último rincón del Imperio.
—También lo sé.
—¿Y adónde irías?

—¿Qué importa el sitio si Tunguragua está conmigo? Más allá de las fronteras se abren selvas, desiertos e incluso montañas en los que se puede iniciar una nueva vida, porque el mundo no acaba en los confines del Incario.

—El nuestro sí.

—Ya he estado allí otras veces... —fue la firme respuesta—. No existen hermosas ciudades, templos de oro, grandiosos palacios ni la paz y la armonía a las que estamos acostumbrados, pero todo ello se me antoja en cierto modo soportable, mientras que no soporto la idea de que encierren a mi hija en una helada cueva de la cima de un volcán.

—¿A qué esperamos entonces?

Él la observó perplejo.

—¿Qué quieres decir? —inquirió con un leve tono de angustia en la voz.

—¿Qué voy a querer decir? —se sorprendió ella—. Que si tú estás dispuesto a renunciar a todo por Tunguragua, yo también.

—¡Pero es que tú eres una princesa de sangre real!

—¿Y eso qué tiene que ver? —Le hizo notar ella—. Antes que nada soy madre... Y esposa. Si mi marido está dispuesto a desafiar al Imperio más poderoso de la tierra por salvar a mi hija, yo le seguiré sin volver ni una sola vez la vista atrás.

Rusti Cayambe abrió los brazos como queriendo abarcar cuanto le rodeaba.

—¿Pero y todo esto?

—¿Qué? —quiso saber ella—. ¿El palacio, las joyas, los esclavos...? ¿Qué pueden importarme si me falta la sonrisa de mi hija?

—¿Pero y tu posición social?

—¡Qué tontería! —contestó, casi enfurecida, ella—. Ha sido por culpa de esa «posición social» por lo que nos arrebataron a Tunguragua, y renuncié a ella desde el momento mismo en que se la llevaron... —Le apuntó acusadoramente con el dedo, y su tono se hizo casi amenazante al señalar—: Si crees que existe una sola posibilidad entre un millón de que tu plan tenga éxito, empieza a moverte, pero en caso contrario no me atormentes haciéndome concebir falsas esperanzas.

Él la tomó de las manos y le miró a los ojos.

—¿Estás absolutamente decidida? —quiso saber.

—Como jamás lo he estado de nada en este mundo.

—¡Bien! —admitió Rusti Cayambe—. En ese caso envía a buscar a Pusí Pachamú.

—Me maldigo por haber dado tan nefasta idea —se lamentó Pusí Pachamú a la tarde siguiente—. Entiendo vuestras razones, y admito que tal vez yo haría lo mismo, pero no puedo olvidar que estás cometiendo el mayor acto de rebeldía de que tengo memoria, y la cólera del Emperador os seguirá a donde quiera que vayáis.

—¿Y qué daño puede hacernos que supere al hecho de sacrificar tan cruelmente a nuestra hija? —quiso saber la princesa Sangay Chimé—. ¿Matarnos? ¿Despellejarnos vivos? Yo ya me siento muerta y despellejada, pese a que aún respire y mi piel continúe en su sitio.

—¿Pero y si Pachacamac despierta?...

—Tú sabes muy bien que Pachacamac no va a dormir más o menos tiempo por el hecho de que Tunguragua viva o muera. Cuando se despierta con sed de sangre, la hace correr en cascada.

—Eso es muy cierto.

—¿Entonces?... ¿No te parece lógico que nos opongamos a que nos quiten lo más valioso que tenemos porque Tupa-Gala no está dispuesto a aceptar que tiene que pagar un precio por sus inclinaciones antinaturales? En la patria de mi madre a los homosexuales se los lapida, mientras que en el Incario se los respeta, e incluso se les proporciona una forma de vida mucho más regalada que la de la mayor parte de sus conciudadanos, puesto que no tienen obligación de servir en el ejército o de trabajar, y viven en hermosos templos, cantando, bailando y mascando coca.

—Se trata de una antiquísima ley... —le hizo notar Pusí Pachamú.

—Lo sé, y también sé que su origen se remonta al reinado del Inca Mayta Cápac, que se vio obligado a dictarla porque su hijo predilecto nació afeminado. Nunca le he puesto reparos, pero si ése es el papel que les ha tocado desempeñar a los homosexuales, no veo por qué razón Tupa-Gala tiene que rebelarse, y que sea mi pequeña Tórtola quien pague las consecuencias...

—¡Déjalo ya! —le atajó su esposo—. No es tiempo de discusiones, puesto que la decisión está tomada... —Se volvió a Pusí Pachamú—. Envíale un mensaje a Quisquis: que se apodere de Xulca y espere mis órdenes. ¿Cuántos hombres crees que estarían dispuestos a acompañarme?

—Seguros, tres. Dos aún no se han casado y lo único que les interesa es ver mundo y correr aventuras. El otro no tiene hijos y al parecer no siente el más mínimo interés por la mujer que le tocó en suerte. Se fue al país de los *araucanos* y creo que se iría al fin del mundo con tal de perderla de vista.

—¿Les has explicado a lo que se exponen?

—Lo saben de sobra.

—¿Y aun así están dispuestos a arriesgarse?

—El riesgo es su droga. Tú sabes mejor que nadie que la mayoría de los que en un principio se alistaron a tu peculiar ejército de saltamontes estaban un poco locos... —Se encogió de hombros—. Éstos son sin duda los más locos de entre esos locos.

—¡Bien! —admitió Rusti Cayambe en tono de resignación—. Al fin y al cabo sigo pensando que todo esto no es más que una inmensa locura, aunque no sé qué demonios podremos hacer con tan sólo tres hombres.

—Tengo dos esclavos en los que confío plenamente —intervino una vez más la princesa—. Me los regaló mi madre, y me consta que si les prometo la libertad, harán cualquier cosa.

—De acuerdo entonces...: seremos siete —admitió su marido, y volviéndose a su lugarteniente ordenó—: Pídele a tu gente que se reúna con nosotros mañana a medianoche al pie de la Torre de los Amautas.

—¡Pero ése es el camino que conduce al Titicaca! —le hizo notar Pusí Pachamú—. Y la procesión se dirige al Misti.

—Lo sé —admitió el otro—. Pero es muy posible que aposten centinelas vigilando por si alguien los sigue. Es más prudente que nos dirijamos hacia el sur con el fin de girar luego al suroeste y adelantarlos puesto que podremos avanzar mucho más aprisa.

—¡Siempre el mismo! —dijo el otro, que sonrió—. Siempre buscando las vueltas a todo.

—Un general debe hacer aquello que los demás no esperan que haga, o de lo contrario estará derrotado de antemano.

A la noche siguiente, los tres hombres seleccionados por Pusí Pachamú aguardaban al pie de la Torre de los Amautas, y en cuanto llegaron sus cuatro acompañantes emprendieron, sin apenas mediar palabra, el camino que descendía a todo lo largo del Valle de los Reyes, en dirección al lejano Titicaca.

Cada uno de ellos tenía plena conciencia que desde el momento en que abandonara la ciudad del Cuzco estaría condenado a muerte, y que por grande que fuera la clemencia del Emperador, nunca podría pasar por alto un delito que podría considerarse alta traición.

Aquél era por tanto un viaje sin retorno; una aventura que no tenía más destino que el destierro o la muerte, pero aun así estaban decididos a seguir adelante pasara lo que pasara, y en especial la princesa Sangay Chimé, tan frágil en apariencia, no se concedía un instante de reposo ni se retrasaba un solo metro, íntimamente convencida de que cada paso que daba era un paso que la aproximaba a Tunguragua.

La coca, de la que cargaban una buena provisión, los ayudaba, pero en esta ocasión no hacían uso de ella con intención de aturdirse, sino tan sólo con el fin de aplacar el hambre y vencer la fatiga.

El amanecer los sorprendió lo suficientemente lejos de la ciudad como para poder concederse un breve descanso, y con el sol cayendo a plomo reemprendieron la marcha hasta que, pasado el mediodía, distinguieron a lo lejos las almenas de una de las muchas fortalezas que protegían el corazón del Imperio de las amenazas exteriores.

Resultaba evidente que sus centinelas estaban más atentos a vigilar cualquier peligro que llegara del sur que a la identidad de los viajeros procedentes del Cuzco, pero aun así Rusti Cayambe decidió, con muy buen criterio, que había llegado el momento de tumbarse a dormir con el fin de aguardar la llegada de la noche e intentar cruzar bajo sus altos muros sin ser vistos.

Se ocultaron por tanto entre unas rocas, comieron algo y se arrebujaron en sus ponchos, dispuestos a soportar de la mejor forma posible el frío y la humedad de la noche andina.

La luna en creciente estaba ya muy alta cuando la princesa despertó a su esposo.

—¡Es hora de irnos!... —susurró.

El otro lo observó todo a su alrededor, y negó con un gesto.

—Demasiado pronto —dijo—. Acaba de entrar un nuevo turno de guardia, y al principio suelen estar muy atentos. Luego se relajan, y ése será el momento de pasar.

—Es que cada minuto se me vuelve una eternidad —protestó ella.

—Lo sé y lo comprendo —fue la respuesta—. Pero la precipitación puede llevarnos al desastre... —Le acarició amorosamente la mejilla—. ¿Tienes miedo? —quiso saber.

—Únicamente de no llegar a tiempo.

—Llegaremos, no te preocupes.

—¿Cómo lo sabes?

—Porque entre los soldados de la caravana tengo amigos a los que les he pedido que retrasen lo más posible la marcha.

—¿Luego sabías que esto iba a ocurrir?

—No, pero imaginaba que cuanto más tardaran en llegar al Misti, más posibilidades tendríamos de recuperar a Tunguragua.

—¿Sabes una cosa?... —le musitó ella al oído—. Te quise desde el momento en que te vi empujando ante ti a Tiki Mancka, pero en estos momentos te adoro porque me estás dando la mayor muestra de amor que un hombre podría darle a una mujer.

—Recuerda que también es mi hija.
—Lo sé —admitió ella—. Pero para la mayoría de los padres los hijos no significan lo mismo que para las madres. Algunos incluso los abandonan y no conozco ningún otro caso en que uno de ellos esté dispuesto a perder absolutamente todo cuanto tiene por salvar a su hija.
—Yo no lo pierdo todo —le hizo notar él—. «Perderlo todo» significaría perderte a ti. El resto carece de valor.
—A mí ya nunca me perderás.
—Con eso me basta.
Poco después despertaron al resto de sus compañeros y se deslizaron, como sombras, por el empinado sendero que serpenteaba justo bajo las almenas desde las que los centinelas dejaban pasar el tiempo con la tranquila indiferencia de quien sabe que se está limitando a cumplir un mero trámite, puesto que no era aquélla una de las rutas que conducían al Cuzco por las que estuviera previsto que atacara el enemigo.

Las fortalezas del norte, desde donde podían descender los feroces *chancas*, siempre estaban alerta, e incluso del este cabía esperar, muy raramente, alguna incursión por parte de los salvajes *aucas* de las selvas, pero el Valle de los Reyes conducía al Titicaca, y ni los *urus* ni los *aymará* soñarían con asaltar la capital.

Al amanecer alcanzaron el refugio de un *chasqui* que al parecer dormía a pierna suelta, puesto que su obligación no era la de vigilar caminos, sino la de mantenerse siempre a la espera de que pudiera llegar un compañero que le comunicara un mensaje que se encargaría de transmitir a otro compañero en una sucesión de postas que permitía a aquellos veloces hombres entrenados desde muy niños a correr sin fatigarse durante horas y llevar cualquier noticia de una punta a otra del Incario en un tiempo en verdad asombroso.

Su única misión en este mundo era la de saber repetir palabra por palabra, sin quitar ni añadir una coma, aquello que les habían comunicado, pero pese a tener conciencia de que jamás mencionarían a nadie que un grupo de extraños había pasado ante su choza, prefirieron dar un pequeño rodeo con el fin de no delatar su presencia.

Al día siguiente desembocaron de improviso en un poblado de «extranjeros» que ni siquiera hablaban quechua, puesto que se encontraban allí respondiendo a una vieja costumbre que establecía que cuando se conquistaba un nuevo pueblo lo que debía hacerse era trasladar a sus habitantes a un emplazamiento del interior del reino, a la vez que se llevaba a los ocupantes originarios al lugar recién conquistado.

De ese modo se conseguía desarraigar al enemigo, obligándolo, con el paso del tiempo, a adoptar la forma de vida de los incas, a la par que se iban avanzando las fronteras a base de colonizar con gente propia los nuevos asentamientos.

Debido a ello, los incas nunca fueron considerados meros invasores, ya que su política fue siempre la de intentar integrar a su cultura a las tribus dominadas por el sencillo método de convencerlos de que su forma de vida era mucho más lógica y práctica que la que habían conocido hasta ese instante.

Los «extranjeros» se limitaron a proporcionar comida y bebida al pequeño grupo de viajeros, permitiendo que siguieran su camino sin tan siquiera plantearse quiénes eran o hacia dónde se dirigían.

Esa noche descansaron mucho más cómodamente en un *tambo* de los que abundaban a lo largo de todas las rutas principales del Imperio, una especie de posada que se encontraba siempre bien abastecida de víveres de las que cualquier viajero podía disponer a su antojo sin otra obligación que dejarlo todo limpio y recogido.

Fue allí donde Rusti Cayambe decidió al fin que había llegado el momento de abandonar la amplia calzada que conducía directamente al Titicaca para aventurarse por los sinuosos senderos que se desviaban hacia el suroeste.

—A estas horas ya deben de haber descubierto que nos hemos ido, y es muy posible que envíen a buscarnos —dijo.

Razones le sobraban, puesto que la tarde anterior el comandante de la guardia había puesto al corriente al Emperador de que ni Rusti Cayambe ni su esposa, la princesa Sangay Chimé, se encontraban en el Cuzco.

—¿Cómo es posible? —se sorprendió el Inca—. ¿Estás seguro de lo que dices?

—No vendría a importunarte si no lo estuviera, mi señor —fue la respuesta—. No están ni en el palacio ni en la fortaleza. Hemos buscado por todas partes y lo único que hemos podido averiguar es que se han llevado con ellos a dos esclavos y tres soldados.

—¿Supones que intentan recuperar a la princesa Tunguragua?

—No soy quién para opinar sobre esos temas, mi señor.

—Pero ahora soy yo quien te ordena que opines.

—En ese caso admitiré que entra dentro de lo posible, mi señor, aunque cuesta trabajo admitir que un general de los ejércitos imperiales se atreva a cometer semejante acto de insubordinación.

—Me temo que quien lo comete no es el general, sino el padre, pero para el caso es lo mismo. Que los busquen y me los traigan. Vivos o muertos.

—Se hará como ordenas, mi señor.

La reina Alia no demostró por el contrario la más mínima sorpresa cuando su hermano le puso al corriente de lo que había sucedido.

—Me lo temía... —se limitó a comentar.

—¿Te lo temías y no me has advertido? —repitió el desconcertado Emperador—. ¡No puedo creerlo!

—Conociendo como conoces a Sangay Chimé, debiste comprender que a la larga no se resignaría a perder a su hija. Yo hubiera hecho lo mismo.

—¿Contraviniendo todas las leyes?

—¿Acaso aún no has entendido que las leyes de la naturaleza son siempre más fuertes que las de los hombres? —señaló ella con acritud—. Opines lo que opines, ninguna «razón de Estado» superará nunca las razones de una madre que no está dispuesta a consentir que su hija sea enterrada en vida por complacer a un dios vengativo, por más que ese dios sea el mismísimo Pachacamac. Si mi hijo llega a nacer y alguien intentara arrebatármelo, le sacaría los ojos y le comería el hígado. —Le miró de frente, desafiante—. ¿Acaso tú no? —quiso saber.

El Inca tardó en responder, pero al fin asintió muy a su pesar.

—Supongo que sí —dijo.

—Entonces... ¿de qué te sorprendes? Has consentido que se cometa un terrible acto de injusticia, y no puedes aferrarte a la idea de que tú eres quien dicta lo que es o no justo. Si has hecho algo mal, tienes que resignarte a aceptar que alguien no esté dispuesto a pagar por tu error.

—¿Acaso olvidas que soy el Emperador?

—¿Y acaso tú olvidas que son tus súbditos y que tu primera obligación es cuidar de ellos? Para todo existe un límite, y creo que en este caso eres tú el que ha sobrepasado ese límite. Estoy convencida de que tanto Rusti Cayambe como Sangay Chimé hubieran dado su vida por ti. Su vida sí, pero no la de su hija.

—No les exigí que hicieran nada por mí, sino por el futuro del Imperio.

—¡Bobadas! —se enfureció su esposa—. Pese a todo lo que ese viejo *quipu* quiera contar, y por muy cierto que sea, la tierra seguirá estremeciéndose con sacrificios humanos o sin sacrificios humanos. Tú lo sabes, yo lo sé y Tupa-Gala lo sabe. Pese a ello has accedido a que se cometa un crimen abominable. —Agitó la cabeza con gesto de profunda preocupación—. Y lo que ahora más me preocupa es el hecho de que tal vez los dioses del amor y la fertilidad se sientan ofendidos y busquen venganza.

—¿Qué quieres decir con eso? —quiso saber el Emperador visiblemente inquieto.

—Que con esta cruel ceremonia hemos convertido la alegría y la felicidad que nos embargaban por el hecho de que los dioses nos hubiesen concedido el maravilloso don de tener un hijo, en negras jornadas de amargura y tristeza, y eso sí que puede acarrearnos gravísimas consecuencias.

—¿Me estás culpando por ello?

—Sinceramente sí... —replicó ella con toda honradez—. Sinceramente creo que tu obligación era cortarle la cabeza a ese maldito intrigante de la misma forma que tenías que habérsela cortado hace tiempo a todos esos pájaros de mal agüero que prefieren vivir inmersos en un reino de miedo y sombras. Somos hijos del Sol y de la luz, y por lo tanto nuestro deber es amar la vida y no rendir culto a las tinieblas y a la muerte.

—Nunca me habías hablado tan duramente.

—¡Te equivocas! Lo hago muy a menudo aunque tú no lo adviertas, y lo hago porque te quiero, y porque me duele ver cómo te tambaleas cuando te empeñas en hacer algo que va en contra de tus propias convicciones. —La reina Alia alzó la voz al añadir en tono acusatorio—: Si no querías que se celebrara ese sacrificio, ¿por qué lo has consentido? ¿Qué clase de Emperador eres que permites que sean otros los que gobiernen en tu nombre?

—Soy un Emperador que ante todo intenta proteger a su pueblo, y a su hijo, de las iras de Pachacamac.

—¡Pues yo no creo en Pachacamac! ¿Me oyes? No creo que exista un dios tan cruel y sanguinario, y si en verdad existiera y lo tuviera delante, le escupiría a la cara.

—¡Que los cielos nos asistan! —se lamentó su hermano—. ¿Te das cuenta de las barbaridades que estás diciendo?

—De lo que me doy cuenta es de las barbaridades que estás consintiendo. Dos de las personas que más te querían se han visto obligadas a traicionarte, un pueblo que amaba tu sentido de la justicia repudia tanta crueldad, tus más fieles consejeros no se atreven a contradecirte y yo, que te admiro más que a nada, me siento desilusionada... —Lanzó un profundo resoplido de hastío—. ¿Y todo eso por qué?... Porque te preocupa que la tierra tiemble, cuando resulta evidente que la tierra siempre ha temblado y continuará haciéndolo durante los próximos mil años.

—Pero no quiero que lo haga antes de que nazca mi hijo.

La reina Alia se tomó un tiempo para reflexionar sobre lo que iba a decir, dudó de forma harto visible, pero al fin se decidió a sentenciar:

—Evitar los terremotos o las erupciones de los volcanes nunca ha estado en manos de nadie, y si tu hijo no es lo suficientemente fuerte como para soportar un temblor de tierra, más vale que no nazca, porque si algo peor le puede ocurrir al Incario que no tener Emperador, es tener un Emperador demasiado débil.

—Cada día me inquieta y me preocupa más cuanto dices.

—Será porque cada día estás menos convencido de lo que haces —le hizo notar ella—. En el fondo sabes muy bien que yo soy la única persona de este mundo capaz de enfrentarme abiertamente a ti para hacerte ver la verdad sin tapujos. Te he limpiado el culo demasiadas veces como para tenerte miedo, y uno de tus grandes defectos estriba en que cuando alguien no te demuestra miedo, te desconciertas.

—Pues ya que no puedes demostrar miedo, podrías demostrarme respeto.

—Te lo demuestro cuando te lo mereces, no por costumbre. Eres mi hermano, mi esposo, mi amante y mi Emperador, pero nada de eso me convierte en tu esclava.

—Mi gran problema ha sido siempre haber nacido en segundo lugar... —se lamentó casi cómicamente su esposo—. Tenía que haber sido yo quien te educara y no al contrario.

—¡Peor hubieran ido en ese caso las cosas! —señaló la reina—. ¿Qué piensas hacer ahora?

—No lo sé... —fue la honrada respuesta—. La huída de Rusti Cayambe y Sangay Chimé ha echado por tierra mis planes...

—¿Planes?... —repitió ella un tanto confusa—. ¿A qué clase de planes te refieres?

—A que le había pedido a la guardia que retrasase todo lo posible la marcha, con el fin de dar tiempo a que se produjera algún pequeño temblor de tierra. Si eso ocurría, tenían orden de regresar de inmediato con la niña, pero ahora ése es un tema que pasa a un segundo plano. Lo que importa es el hecho de que un general y una princesa han cometido un acto de alta traición, y eso es algo que se castiga con la muerte, y que no puedo, ni debo, pasar por alto.

Tupa-Gala se encontraba al borde de la apoplejía.

A la semana de abandonar el Cuzco no habían avanzado ni la cuarta parte de lo que estaba previsto, con lo que el viaje al Misti ofrecía todo el aspecto de querer eternizarse.

Y sabía muy bien, lo había sabido desde el momento en que abandonó el palacio imperial, que el tiempo corría en su contra.

El alba le sorprendía en pie, gritando órdenes con el fin de que la marcha se iniciara con las primeras luces, pero siempre, por una u otra razón, todo se complicaba y el sol estaba muy alto cuando la cabeza de la expedición comenzaba a moverse.

Luego venía el martirio del camino, puesto que cabría imaginar que los porteadores que el Emperador le había proporcionado eran cojos o estaban borrachos de la mañana a la noche, balanceando la pesada silla como si se encontrara flotando en mitad del más proceloso de los océanos, hasta el punto de que en algunos momentos tenía que rogar que se detuvieran y continuar el viaje a pie si no quería ofrecer el penoso espectáculo de que le vieran vomitar.

La primera vez que bordearon un abismo abrigó el convencimiento de que se habían puesto de acuerdo para arrojarle al vacío, y ni por lo más remoto aceptó atravesar un puente a hombros de aquella partida de facinerosos.

Para colmo, los pueblos por los que cruzaban aparecían desiertos, dado que al tener conocimiento de que la procesión se aproximaba, sus habitantes los abandonaban no sin haber vaciado a conciencia los almacenes.

Nadie parecía querer ser testigo de tamaño crimen, y su ausencia constituía la mejor forma de expresar su rechazo.

La esperada marcha triunfal continuaba constituyendo por tanto un tremendo fracaso.

Tito Guasca, también sacerdote de Pachacamac, y al que había nombrado su segundo en el mando por sus reconocidas dotes organizativas, tampoco respondía a cuanto esperaba de él, y ni siquiera se mordía su viperina lengua a la hora de mostrar su cada vez más evidente oposición a tan aberrante aventura.

—No sólo has puesto en peligro tu propia vida... —puntualizó la noche en que resultó evidente que no soportaba por más tiempo aquella incómoda situación— sino que incluso arriesgas el futuro de nuestra comunidad. Hemos tardado siglos en granjearnos el respeto del pueblo y conseguir que se aceptaran nuestras peculiaridades permitiéndonos vivir en paz y armonía con cuanto nos rodeaba, pero en cuestión de días has logrado que nos desprecien y aborrezcan.

—¿Por cumplir con mi obligación?

—Asesinar niños nunca ha sido tu obligación. Y aterrorizar al pueblo con la supuesta amenaza de un terremoto, tampoco. Nuestra comunidad fue creada con la intención de calmar a Pachacamac, o procurar minimizar los efectos de su furia, no con el fin de provocar su ira o magnificar su poder.

—Ya es demasiado tarde para volverse atrás.

—No lo sería si tú, como sumo sacerdote, declarases que «Aquel que mueve la tierra» se te ha aparecido en sueños para comunicarte que se conforma con que sacrifiquemos un rebaño de alpacas.

—¿Me crees capaz de renunciar de una forma tan vergonzosa a mis convicciones? —se escandalizó Tupa-Gala—. ¿Qué dirían mis enemigos?

—Lo ignoro, puesto que te has buscado tantos enemigos que resultaría imposible recabar la opinión de cada uno de ellos —replicó el otro haciendo gala de su reconocida mala intención—. Mucho más fácil sería averiguar qué es lo que opinan los escasos amigos que aún te quedan, y estoy seguro de que se alegrarían de que hubieses entrado en razón.

—Lo que tú llamas «entrar en razón» significa aceptar la vergüenza y la deshonra, y te recuerdo que hoy por hoy soy la representación de Pachacamac en la tierra. ¿Acaso quieres ver el honor de tu dios arrastrado por el fango?

—¡Oh, vamos!... —protestó su oponente—. ¡No me vengas con ésas! Te he visto hacer cosas que destrozarían el honor, no ya de un dios, sino de los mismísimos demonios.

—¿Como qué?

—Como sorprenderte en el momento en que violabas a un adolescente. O escuchar cómo le suplicabas a Xulca, llorando como una mujerzuela porque se negaba a satisfacer tus más sucios caprichos...

—Mi vida privada nada tiene que ver con esto.

—¡Te equivocas! —replicó Tito Guasca a punto ya de perder la paciencia—. Es tu vida privada la que nos ha conducido a esta difícil situación, y creo que deberías saber que, si por algún extraño milagro, logras salir con bien de la aventura, la comunidad en pleno ha decidido prescindir de tu liderazgo y expulsarte del templo. No queremos ser cómplices de tus crímenes.

—¿Quieres decir con eso que estoy solo?

—Lo más solo que haya estado nunca nadie.

—En ese caso quiero que sepas que me enfrentaré solo al mundo, seguiré adelante solo, y solo le ofreceré a Pachacamac ese supremo sacrificio aunque sea lo último que haga en esta vida.

—¡Será lo último! —admitió el otro—. De eso puedes estar seguro. Y de lo que también puedes estar seguro es de que probablemente tardarás años en conseguirlo, porque esta gente parece dispuesta a tomarse las cosas con calma y, hagas lo que hagas, el Misti se encontrará cada vez más lejos... —Dio media vuelta para encaminarse con paso firme a la salida—. Por lo que a mí respecta me vuelvo al Cuzco —concluyó.

—No te he dado permiso para marcharte... —le advirtió Tupa-Gala—. Y aún continúo siendo tu superior.

—Lo serías si aún perteneciera a la comunidad, pero de momento, y mientras oficialmente sigas siendo el sumo sacerdote, renuncio a servir a Pachacamac.

—¡Se vengará de ti!

Tito Guasca le dirigió una última mirada de profundo desprecio al replicar en el momento de abandonar la estancia:

—¿Con quién crees que estás hablando? —dijo—. ¿De verdad imaginas que me vas a asustar con tus estúpidas amenazas? No eres más que un miserable enfermo de rencor que se está cavando la tumba con sus propias uñas.

Salió, dejando a su interlocutor más hundido anímicamente de lo que ya lo estaba, puesto que pese a todo continuaba siendo un hombre inteligente y comprendía que cuanto su antiguo amigo le había dicho respondía punto por punto a la verdad.

Su única arma era el terror que imponía «Aquel que mueve la tierra» en un país en el que, por desgracia, la tierra solía moverse con excesiva frecuencia provocando terribles catástrofes. La cordillera de los Andes se estremecía una y otra vez cobrándose miles de vidas, y era aquélla una amenaza de la que la costa oriental del Pacífico jamás lograría librarse.

Utilizarla como arma a su favor no era al fin y al cabo más que una sucia artimaña que precisamente él nunca debería haber utilizado, pero se sentía como una fiera acosada a la que ya nada importa lo que le pueda ocurrir.

Su fin estaba cerca, tan cerca que casi podía rozarlo con la punta de los dedos, pero eso no significaba, en absoluto, que estuviera dispuesto a rendirse.

De tan desagradable conversación había sacado, sin embargo, una conclusión muy evidente: jamás le permitirían llegar a su destino, entre otras cosas porque ni siquiera tenía muy claro en qué lugar de la extensa geografía del Imperio se encontraba exactamente el Misti.

Ello significaba que los guías podían permitirse el lujo de burlarse de él obligándole a vagabundear por los desolados páramos o los abruptos caminos hasta que no le quedara más remedio que darse por vencido de puro agotamiento.

Comenzó a temblarle una vez más la barbilla, pero esta vez de ira, al imaginar las taimadas sonrisas de los soldados mientras le traían y llevaban de un lado a otro bailoteando en lo alto de la silla de manos, a punto siempre de vomitar cuando había comido, y tras reflexionar cuidadosamente sobre ello, llegó a la conclusión de que estaba dispuesto a perder la vida en aquella extraña aventura, pero no estaba dispuesto a perder al mismo tiempo la dignidad.

Aún le quedaba una última baza que jugar.

Una baza con la que nadie contaba.

Permitió por tanto que la anarquía continuase reinando en el campamento, que todo se hiciera tarde y mal, y que la procesión avanzara con la parsimonia de un caracol desorientado, mientras hacía oídos sordos a los maliciosos comentarios de quienes ya no se recataban a la hora de insinuar que se harían viejos en el camino, aceptando plenamente el conocido aforismo de que quien ríe el último, ríe mejor.

Por fin, una luminosa mañana desembocaron en un extenso páramo que aparecía casi totalmente cubierto de charcos helados, sin rastro alguno de vida animal ni humana, y en cuyo centro se distinguía un pequeño templete con dos únicas paredes que lo protegían de los vientos dominantes, y que se encontraba repleto de viejas ofrendas, probablemente la tumba de algún olvidado santón o una *huaca* que por alguna razón desconocida los viajeros que muy de tanto en tanto cruzaban por allí habían levantado con el fin de recabar la protección de los dioses locales.

Huacas semejantes abundaban a todo lo largo de los caminos del Imperio, y la mayoría de ellas solían servir de punto de reunión de los «vecinos» en un país demasiado extenso y poco poblado, en el que familias de pastores y campesinos podían pasarse meses sin ver a extraños.

Ordenó a los porteadores que se detuvieran a unos cincuenta pasos de distancia, y avanzó solo para ir a postrarse de hinojos a la entrada, permaneciendo largo rato como en éxtasis ante la atenta mirada de casi mil peregrinos.

Por fin hizo un gesto al capitán que estaba al mando de la tropa de escolta para que se aproximara, y cuando lo tuvo frente a él, señaló con voz ronca y profunda:

—Mi señor, Pachacamac se me ha aparecido para comunicarme que ha descubierto que nos estamos burlando de él.
—¿Burlándonos de él? —repitió el otro visiblemente inquieto.
—Eso ha dicho. Y también me ha advertido que si antes de tres días no le hemos ofrecido el sacrificio que exigió, rugirá con tal furia que en el Cuzco no quedará piedra sobre piedra.
—¡Tres días! —se horrorizó el pobre hombre—. ¡Pero eso es imposible! El Misti está a más de diez días de distancia a marchas forzadas.
—Lo sé —admitió con sorprendente calma Tupa-Gala—. Y Pachacamac también lo sabe. Por lo tanto ha accedido a mis súplicas, y aceptará que le ofrezcamos el sacrificio en la cima de aquel nevado que se distingue en el horizonte.
—¿Allí?... —El atribulado capitán casi se desmayó de la impresión.
—¡Exactamente allí!... ¿Cómo se llama esa montaña?
—No tengo ni la menor idea. Por aquí abundan tanto las montañas que ni siquiera se les da un nombre.
—Con nombre o sin nombre servirá a nuestros propósitos, y si Pachacamac la ha aceptado, por algo será.
—¿Y qué dirá el Emperador?
—En lo que se refiera a los deseos de mi señor, el Emperador no tiene nada que decir ya que ha ordenado expresamente que sea yo quien decida... —Le apuntó con el dedo para añadir en tono amenazante—: ¡Y recuerda! Dentro de tres días tenemos que estar en la cima de aquella montaña, o la responsabilidad de cuanto pueda ocurrirle al Cuzco caerá sobre tu cabeza.

El pobre capitán era un buen militar y un hombre que había demostrado sobradamente su valor en media docena de batallas, pero que no tenía la más mínima idea de cómo hacer frente a una situación semejante.

Le habían ordenado que diese escolta a la caravana hasta el lejano Misti, procurando que el farragoso viaje durase el mayor tiempo posible, pero nada le habían advertido sobre la posibilidad de tener que asumir una responsabilidad de semejante envergadura.

¿Quién era él para poner en duda las aseveraciones del sumo sacerdote del más terrible de los dioses?

¿Quién era él para negarse a aceptar que aquel que tantísimas veces había movido la tierra desde que tenía memoria estuviese dispuesto a moverla de nuevo?

Con Pachacamac no se jugaba.

Se podía jugar con los dioses pequeños, e incluso con la muerte, puesto que la muerte tan sólo derrotaba en campo abierto a aquel que la desafiaba cara a cara, pero desafiar a Pachacamac significaba atraer su ira sobre miles de seres inocentes.

Se quedó por tanto inmóvil, lívido y desorientado, mientras Tupa-Gala se encaminaba con paso firme a la gran tienda de campaña que sus siervos se habían apresurado a levantar, y cuando al fin acertó a reaccionar fue para ir a postrarse a su vez ante la *huaca* para pedir a los dioses que allí moraban que le iluminaran en tan difíciles momentos.

Sopay, el Maligno, había acudido a visitarle.

El peor demonio de todos los demonios del averno había hecho acto de presencia cuando menos se lo esperaba, obligándole a enfrentarse a una difícil situación que no sabía cómo encarar.

Las indicaciones del Emperador habían sido muy claras, y tenía la ineludible obligación de retrasar por todos los medios a su alcance el avance de la procesión, manteniéndose siempre en contacto por medio de *chasquis* con la capital, a la espera siempre de nuevas instrucciones, pero ahora de pronto los acontecimientos se precipitaban.

Por mucho que lo intentara, no existía forma humana de retrasar en exceso la llegada a una montaña que se encontraba a la vista, y el plazo que le habían dado parecía inexcusable.

¡Tres días!

Que los cielos le protegieran.

¿Qué se podía hacer en tres días?

Cuando al fin regresó al improvisado campamento que se había montado en la única zona relativamente seca del páramo, llamó al más veloz de sus *chasquis* y le ordenó que emprendiera a toda prisa el regreso a la capital.

—Mensaje para el Emperador... —le dijo—. Pero no es secreto, y debes intentar que tus compañeros lo extiendan a todo lo largo del camino: Tupa-Gala tiene intención de consumar el sacrificio dentro de tres días en la cima de una montaña desconocida que domina la puna negra que se alza a unas veinte leguas al suroeste del río Apurímac. ¿Lo has entendido?

—Lo he entendido.

—¡Repítelo!

—Tupa-Gala tiene intención de consumar el sacrificio dentro de tres días en la cima de una montaña desconocida que domina la puna negra que se alza a unas veinte leguas al suroeste del río Apurímac... ¡Queda tranquilo! —añadió—. Mañana al mediodía el Emperador habrá recibido tu mensaje.

—Corre entonces, y que los dioses guíen tus pasos.

El *chasqui* hizo una leve inclinación de cabeza y partió a tal velocidad que quien le viera pasar imaginaría que no podría soportar semejante ritmo más que unos pocos minutos.

En el enrarecido aire de una altitud de más de tres mil metros y un suelo fangoso y frío en el que se hundían los pies, ni el mejor atleta hubiera conseguido mantener tan increíble velocidad ni tan siquiera el tiempo que tardara en perderse de vista, pero aquél, al igual que el resto de sus compañeros, había sido seleccionado desde muy niño para semejante menester y estaba dispuesto a reventar con tal de cumplir su misión.

Sus piernas de acero, sus dilatados pulmones, su fe y un pequeño saco de hojas de coca que tan sólo tenían derecho a consumir cuando se encontraran en plena carrera los impulsaban siempre hacia adelante porque sabían que de ello dependía en gran parte la seguridad del Incario.

Comenzaba ya a nublársele la vista cuando alcanzó la siguiente posta en la que un hombre aguardaba. Le transmitió por dos veces el mensaje, le obligó a repetírselo, y permitió que partiera a toda carrera rumbo al norte.

Luego se dejó caer sobre la caliente manta de piel de alpaca, se arrebujó en ella y se quedó profundamente dormido.

Tal como había prometido, antes incluso de la hora marcada, un sudoroso *chasqui* se arrastró a los pies del Emperador para repetir puntualmente las palabras del capitán de la guardia.

El hijo del Sol, casi un semidiós, dueño y señor de la vida de millones de seres humanos, no pudo evitar sentirse profundamente abatido, y no por lo que significara la vida de una niña a la que ni siquiera había visto nunca, sino porque le preocupaba la reacción de su esposa cuando tuviera conocimiento de tan infausta noticia.

Los *hampi-camayocs*, aquellos sesudos doctores a los que en lo más profundo de su alma despreciaba, pero que eran los que en aquellos momentos estaban al cuidado de la reina, le habían advertido con la máxima sinceridad de que eran capaces de que debía evitarle todo tipo de disgustos.

—Necesita tranquilidad y reposo... —habían diagnosticado—. Mucho reposo, alimentos sanos, nada de picantes, nada de coca, y en especial ni un solo sobresalto. Los dos próximos meses son cruciales.

—¡Maldito Tupa-Gala! —musitó una vez más para sus adentros—. ¡Mil veces maldito! Con cien vidas que tuvieras no pagarías por el daño que nos estás causando.

Para un hombre que desde el mismo día en que tomó conciencia de que descendía de una estirpe de Emperadores se consideraba prácticamente omnipotente, el hecho de sentirse atado de pies y manos por culpa de un sucio intrigante le producía una sorda ira que amenazaba con devorarle.

Sabía que le bastaba con pronunciar una sola palabra, «Mátalo», para que todo volviese a la normalidad, pero sabía también que dar tan drástica orden significaba aceptar que cuando se enfrentaba a un difícil problema su única razón se limitaba al uso de la fuerza.

Se preguntó cómo habría actuado en semejante situación el ladino Pachacuti, que tenía justa fama de ser el Inca más inteligente desde que Manco Cápac fundara la estirpe.

Pachacuti reunía en una sola persona la fiereza del jaguar, la astucia del zorro y la visión del cóndor, por lo que había sabido consolidar y engrandecer el Imperio hasta unos límites que nadie había soñado con igualar.

Sentado en aquel mismo trono, Pachacuti habría sabido imponerse a Tupa-Gala sin permitir que la situación se le fuera de las manos, probablemente porque ningún Tupa-Gala de este mundo se hubiera atrevido siquiera a planteársela.

Ahora él, sentado en el trono de Pachacuti, se veía obligado a reconocer que en su afán por convertirse en un Emperador demasiado justo había acabado por convertirse en un hombre demasiado débil.

Con el paso de los años había conseguido ganarse el sincero amor de su pueblo, eso era muy cierto, pero al mismo tiempo había propiciado que no se le temiera tal como se había temido por tradición a la mayor parte de sus antecesores.

A causa de ello emergían los Tupa-Gala que le desafiaban abiertamente, los Rusti Cayambe que se atrevían a traicionarle, su propia hermana que se entregaba a un indigno esclavo o todos aquellos que en los más apartados rincones del Incario comenzaban a plantearse la posibilidad de abandonarle si no proporcionaba pronto un heredero al trono.

A solas en el acogedor gabinete en el que solía refugiarse cuando necesitaba meditar sobre los complejos asuntos de Estado, se planteó una vez más que tal vez había llegado el momento de demostrar que cuando decidía ser fuerte podía llegar a ser más fuerte que nadie.

Si la voz no le tembló a la hora de ordenar ajusticiar a la princesa Ima, que llevaba su propia sangre, no veía por qué razón tenía que temblarle a la hora de acabar con rebeldes y enemigos.

Al atardecer ordenó que trajeran a su presencia a Tito Guasca, del que ya sabía que había regresado al Cuzco abiertamente enfrentado a Tupa-Gala, y en cuanto lo tuvo arrodillado a sus pies inquirió sin rodeos:

—¿Qué dictan las normas del Templo de Pachacamac acerca de un *capac-cocha* en la cima de una montaña desconocida?

—Nada en absoluto, y por lo tanto, a mi modo de ver, es ilegal, mi señor —fue la firme respuesta—. «Aquel que mueve la tierra» puede dormir en el Misti, el Picchu-Picchu, el Chanchani, el Sara-Sara e incluso el Ampato, pero jamás lo haría en un picacho desconocido.

—¿Estás seguro de eso?

—Completamente, mi señor. Al igual que un rey no acostumbra a dormir en una choza de pastores, un dios no duerme durante meses en una ignota montaña, y por lo tanto, ofrecerle un sacrificio en un lugar semejante carece de toda lógica y responde únicamente a intereses personales de alguien a quien el resto de la comunidad del templo repudia.

—¿Es cierto eso?... —se interesó de inmediato el Inca—. ¿Tu comunidad repudia a Tupa-Gala?

—Totalmente, mi señor. Siempre nos hemos opuesto frontalmente a esta insensatez.

—¿Y tu comunidad puede garantizar que la tierra no se moverá pese a que no se celebre semejante sacrificio?

—Eso nunca podemos garantizarlo, oh, gran señor —se apresuró a puntualizar el interrogado, visiblemente inquieto—. Pero lo que sí puedo aclararte es que no apreciamos síntomas de que vaya a ocurrir en breve plazo con sacrificio o sin sacrificio.

—¿Estáis dispuestos a hacer público el repudio al que ha sido hasta ahora vuestro sumo sacerdote?

—En cuanto tú nos autorices, mi señor.

—Bien... —sentenció el Inca—. Desde este mismo momento quedas autorizado. Quiero que mañana todos los miembros de la comunidad salgan a las calles del Cuzco proclamando abiertamente su rechazo a la actitud de vuestro antiguo líder. Ello me permitirá ordenar su inmediata ejecución.

—¿Crees que aún estás a tiempo de impedir el *capaccocha*, mi señor? —quiso saber el otro.

—Me temo que ya es demasiado tarde, pero al menos esa inútil muerte servirá para dejar claramente establecido, de cara al futuro, que nadie, ni tan siquiera un sumo sacerdote, puede hablar o amenazar en nombre de los dioses.

—Confío en que lo ocurrido no te haya predispuesto contra nuestra comunidad, oh, gran señor. Nunca estuvimos de acuerdo con las decisiones de Tupa-Gala, pero la ley nos obligaba a obedecer.

—Injusto es aquel que culpa a inocentes por los pecados que no les corresponden. Y la primera obligación de un gobernante es la de ser justo. ¡Vete en paz y considérate desde este momento sumo sacerdote del Templo de Pachacamac!

Cuando Tito Guasca hubo abandonado la estancia, el Emperador mandó llamar al *chasqui-camayoc*, responsable de las comunicaciones del reino, para tratar de averiguar cuánto tiempo tardarían sus hombres en transmitir un mensaje al capitán de la guardia allá en la lejana puna negra.

—Día y medio, mi señor.

—¿Por qué tanto, si tardaron menos en venir?

—Está a punto de caer la noche, hace mucho frío, y el tiempo amenaza lluvia, mi señor. En semejantes circunstancias mis hombres deberán extremar las precauciones o corren el riesgo de sufrir un accidente y no llegar nunca.

—La vida de una niña dependerá de ellos.

—Lo sé, mi señor, y estoy convencido de que se esforzarán al máximo, pero tú conoces bien la peligrosidad de esos caminos.

—¡Bien! Que partan cuanto antes.

—¿Y el texto del mensaje?

—Impedir el sacrificio y traer a mi presencia, encadenado, a Tupa-Gala.

—«Impedir el sacrificio y traer a mi presencia, encadenado, a Tupa-Gala» —repitió casi como un loro el *chasqui-camayoc*—. Si existe una sola posibilidad entre un millón de que tu mensaje llegue a tiempo, llegará, mi señor.

—Serán recompensados por ello.

—Su mejor recompensa es servirte, mi señor.

El buen hombre abandonó la estancia a toda prisa, y apenas lo había hecho cuando hizo su presencia la reina Alia, que parecía haber estado aguardando en la antesala el final de la entrevista.

—¿No es demasiado tarde para tomar semejante decisión? —quiso saber.

—Temo que sí —admitió a duras penas su esposo—. Pero hasta hoy Tupa-Gala no me había proporcionado argumentos para oponerme. Ahora los tengo, y por lo tanto ya está dictada su sentencia...: se convertirá en *runantinya*.

—No creo que eso le devuelva la vida a Tunguragua ni sirva de consuelo a sus padres.

—Lo sentiré por la niña, pero no por ellos. Son reos de alta traición y por lo tanto su destino es acabar en manos del verdugo.

—¿A pesar de que lo único que han hecho es tratar de salvar de una muerte horrenda a su única hija?

—A pesar de ello. Un delito tan grave seguirá siéndolo sean cuales sean las razones que lo impulsen... —El Emperador hizo un gesto fatalista—. Y su castigo es la muerte.

No era una calzada real.
 No era un camino.
 Ni siquiera un sendero de alpacas.
 Era apenas una trocha cubierta por la vegetación que se abría paso serpenteando por el fondo de un estrecho valle al que no calentaba el sol más que un par de horas al día y que trepaba luego como una hiedra aferrada a las paredes de piedra hasta la cima de los oscuros picachos.
 Vistos desde abajo, desde el borde del inevitable riachuelo tumultuoso que les servía de desaguadero, los erguidos cerros parecían inaccesibles y se hacía necesario ascender un metro para tener la seguridad de que se podría ascender otro metro y luego otro más pese a que siempre se tuviera la impresión de que muy pronto se alcanzaría el último.
 Y entonces ya no era una calzada real, ni un camino, ni un sendero, ni tan siquiera una trocha, sino que se transformaba en una escalinata tallada en la roca viva y tan estrecha que apenas podrían colocarse los dos pies en el mismo escalón.
 A un lado el abismo, cada vez más profundo.
 Al otro una altísima pared cada vez más agobiante.
 Nadie que tuviese la más ligera noción de lo que significaba el vértigo conseguiría sobrevivir a una sola jornada de camino por semejante cordillera, pero ellos eran incas, aquél era su mundo, y avanzaban por él con la naturalidad con que un beduino lo haría por las ardientes arenas del desierto o un esquimal sobre los témpanos de hielo.
 La admirable capacidad del ser humano por adaptarse a su entorno hacía una vez más su aparición al descubrir

cómo seis hombres y una mujer subían y bajaban por donde hasta las cabras hubieran temido por sus vidas, sin que ni el frío, ni la lluvia, ni el viento acertaran a detenerlos en su avance.

Sin intercambiar una palabra, sin resuellos ni lamentos, sin alterar el paso y sin detenerse más que lo justo para determinar la nueva ruta, marchaban por los bordes de los precipicios, la fría puna o los oscuros valles como autómatas carentes de emociones, sin que ni el hambre ni el cansancio consiguieran hacer mella en ellos bajo ninguna circunstancia.

Y es que atravesaban extensas zonas en las que proliferaban las plantaciones de coca, puesto que las suaves laderas abiertas al norte recibían horas de insolación directa, permitiendo que la planta sagrada creciera salvaje.

Era aquélla una región deprimente e inhóspita, en la que tan sólo se distinguían de tanto en tanto los minúsculos refugios de los pastores que ascendían hasta allí durante los meses más cálidos, por lo que el viajero no podía por menos que preguntarse por qué absurda razón alguien había enviado cuadrillas de esclavos a abrir senderos y tallar peldaños en las rocas, cuando resultaba evidente que aquél era un remoto rincón de la tierra del que los dioses se habían desentendido desde el primer momento.

Los más fanáticos *runas* eran los únicos seres humanos que se atrevían a morar en semejante lugar, puesto que se trataba de ermitaños que habían renunciado a su casta, su hogar, su familia e incluso su propio nombre con la esperanza de encontrar en el aislamiento y la meditación la salvación eterna y el verdadero camino al más allá.

Algunos purgaban sus pecados; otros, la mayoría, tan sólo buscaban la paz interior o el acercamiento a sus dioses, e incluso los menos habían adoptado tal condición a sabiendas de que era la única forma conocida de escapar a la justicia del Emperador.

Una antigua costumbre estipulaba que, cualquiera que fuera el delito cometido, un reo que aceptase dejar transcurrir el resto de su vida solo en la cima de una perdida montaña pagaba sobradamente su deuda con la sociedad.

Un helado amanecer en el que el cierzo descendía con violencia desde la cima de los nevados, el incansable grupo de viajeros distinguió en el centro mismo de un extenso páramo en el que pastaban dos tristes llamas, la ruinosa choza de barro y paja de uno de aquellos *hombres* —que tal era la traducción de *runa*—, que los invitaba, con un leve gesto de la mano, a que se protegieran del frío en el interior de su refugio.

El habitáculo, mitad cuadra y mitad vivienda, oscuro y hediondo, sin otra ventilación que una puerta abierta a sotavento, y que por todo mobiliario contaba con una destrozada estera de cañas y una rústica jarra de barro, podía considerarse sin lugar a dudas el lugar más inmundo del planeta, indigno incluso de los cerdos, pero a quienes venían de avanzar a duras penas contra un viento gélido que cortaba la respiración, su relativa tibieza se les antojó poco menos que la antesala del paraíso.

El *runa*, un anciano al que en un principio costaba trabajo entender puesto que al parecer llevaba muchísimo tiempo sin hablar con nadie, no se interesó por quiénes eran, ni hacia dónde se dirigían, aunque sí aclaró que aguardaba su visita desde hacía tiempo puesto que había adivinado por el vuelo de los cóndores que se aproximaban seres humanos.

—Los cóndores, que gozan de una visión a enorme distancia, se inquietan y suelen volar en pequeños círculos y muy cerca de sus nidos cuando ven a alguien, pues saben que todo hombre es un posible saqueador, ya que los campesinos aseguran que los huevos de cóndor proporcionan virilidad.

—¿Y es cierto?

—No lo sé —fue la respuesta—. Aquí solo, la virilidad únicamente me serviría para atormentar mi espíritu, y no es precisamente eso lo que buscaba al venir.

—¿Y qué es lo que buscaban al elegir un retiro tan remoto y desolado? —quiso saber Sangay Chimé, más por educación que por auténtico interés.

—Averiguar la forma y el tamaño de la tierra.

La respuesta resultó tan sorprendente que por unos instantes ninguno de los presentes supo qué decir, limitándose a observarse con el aire de quien cree que no ha entendido, o quien más bien imagina que su interlocutor no está muy bien de la cabeza.

—¿Averiguar la forma y el tamaño de la tierra?... —repitió al fin un perplejo Rusti Cayambe.

—Exactamente. Soy astrónomo, y siempre me preocuparon la auténtica forma y el verdadero tamaño de la tierra.

—Pero la tierra no puede tener límites.

—Todo, excepto el tiempo, tiene un límite... —le refutó el *runa*—. Y la tierra también. Por eso vine aquí, porque éste es el punto habitable más alto y de cielo más limpio de la cordillera.

—¡Alto sí que está, pero habitable...! Con este viento y este frío...

—Yo he logrado sobrevivir, y cuando sale la luna está tan cerca que casi puedo tocarla con la mano. Es ella la que me ha permitido conocer el tamaño aproximado de la tierra.

—¿Cómo?

—Comparando la sombra que proyecta sobre su superficie, según la posición en que se encuentre... —Al advertir que ninguno de los que le escuchaban parecía entender de qué les estaba hablando, aclaró—: La tierra es redonda.

—¿Redonda?

—Eso he dicho. Igual de redonda que el sol, la luna, las estrellas o el resto de los planetas... —Los observó uno por uno para acabar por inquirir—: ¿Por qué habría de ser diferente si también flota en el espacio?

—¿La tierra flota en el espacio?

—En efecto.

—Pues yo nunca he visto que la tierra sea redonda... —intervino uno de los soldados evidentemente confuso.

—No puedes verlo porque es demasiado grande —le aclaró el anciano—. No tan grande como el sol, pero sí mucho más grande que la luna...

—Sigo sin entenderlo.

El *runa* alargó la mano, se apoderó de la vieja vasija de barro y la alzó, mostrando que estaba cubierta de hormigas.

—Se guían por el olor —dijo—. Y cuando han dado una vuelta completa a la vasija, se sorprenden al encontrar su propio rastro. Eso las desconcierta, ya que no entienden por qué razón, si van siempre en línea recta, regresan una y otra vez al mismo punto, pero a la cuarta o quinta vuelta comprenden lo que ocurre y cambian de rumbo buscando otra salida.

—¿Y eso qué tiene que ver?

—Que las hormigas actúan por instinto, pero yo soy un ser humano y puedo razonar: si todo cuanto flota en el firmamento es redondo, también la tierra debe de serlo.

—Y en ese caso, ¿por qué no nos caemos? —quiso saber la princesa.

—Porque nos encontramos en la parte de arriba de una inmensa esfera. Al igual que el Cuzco es el centro del mundo, la tierra es el centro del universo que gira en torno a él, pero al otro lado no puede haber nada puesto que cuanto había ya se precipitó al vacío.

—¿Y cuánto tiempo has tardado en llegar a esas conclusiones?

—Muchos... ¡Muchísimos años! Llegué aquí con un rebaño de treinta llamas, y ya no quedan más que esas dos... —Mostró sus encías, en las que no se distinguía ni sombra de dientes—. Me proporcionan la leche de que me alimento, pero cuando no quede ninguna, subiré a la cima de un nevado para permitir que mi cuerpo se congele. De ese modo, cuando Viracocha regrese y traiga consigo la eterna primavera, volveré a una vida que ya siempre será feliz y tan eterna como el tiempo...

Cuando dos horas después los expedicionarios se alejaron de allí, lo hicieron sin tener muy claro si lo que dejaban atrás era un hombre muy sabio o un viejo muy loco, aunque sin poder evitar por ello el ir rumiando, junto a las hojas de coca, la inquietante idea de que tal vez la tierra fuera, efectivamente, tan redonda como la luna.

Atravesaron el páramo azotado por los vientos, descendieron hasta lo más profundo de un valle encajonado entre altísimos farallones, y volvieron a ascender por la pared opuesta en lo que podía considerarse un infernal tobogán interminable, y nada ni nadie parecía ser capaz de detenerlos, hasta la tarde en que comenzó a llover furiosamente y uno de los esclavos de la princesa Sangay Chimé perdió pie para ir a desaparecer, sin emitir tan siquiera un gemido, en las entrañas de un oscuro precipicio.

Su compañero quedó de improviso como paralizado por el terror, incapaz de moverse ni hacia adelante ni hacia atrás, puesto que aunque había pasado la mayor parte de su vida en la cordillera, seguía siendo un costeño y carecía por tanto del desprecio al vértigo que identificaba a los andinos.

Su dueña intentó animarle a continuar la marcha olvidando al difunto, pero resultó evidente que el pobre hombre se encontraba presa de un ataque de pánico que le impedía moverse, por lo que llegó a la conclusión de que lo único que podían hacer era darle tiempo para que se tranquilizara.

—Quédate esta noche aquí y mañana busca sin prisas el camino hacia la costa —le ordenó—. Cuéntale a mi madre lo ocurrido y ella te dejará libre y te recompensará por la fidelidad que me has demostrado.

Continuaron pues la difícil ascensión, dejando al infeliz acurrucado y como muerto, y al coronar la cima del farallón aún tuvieron tiempo de distinguir en la distancia un fértil valle por el que se desparramaba un pequeño grupo de chozas.

—Mañana avistaremos el camino que conduce al Misti... —sentenció Rusti Cayambe—. Confío en que la procesión aún no haya cruzado por aquí.

Buscaron refugio en una profunda cueva, encendieron un buen fuego sobre el que asaron una *vizcacha* que uno de los soldados había cazado con ayuda de una honda que manejaba con endiablada habilidad y, mientras devoraban con apetito aquella especie de liebre de carne oscura, cada uno de ellos lamía su particular piedra de sal gema, puesto que los incas tenían la rara costumbre de no salar directamente los alimentos, sino consumir por separado la sal que necesitaban.

Esa piedra de sal constituía una de sus más preciadas

posesiones en semejantes alturas, y cada cual la conservaba como un valioso tesoro, puesto que sabían muy bien que sin su ración diaria acabarían enfermando.

Al concluir la frugal cena, y mientras sus compañeros de viaje comenzaban a roncar sonoramente, Rusti Cayambe y Sangay Chimé regresaron a la entrada de la caverna para tomar asiento y contemplar cómo caía la lluvia en el exterior.

La noche estaba tan oscura que resultaba imposible distinguir nada a tres metros de distancia, pero aun así permanecieron largo rato muy quietos, consciente cada uno de ellos de cuáles eran los pensamientos del otro.

—¿Dónde estará? —inquirió al fin Sangay Chimé.

—No lo sé... —admitió su esposo—. Pero donde quiera que esté la cuidarán. No corre peligro alguno hasta que lleguen al Misti.

—¿Crees que Tupa-Gala aceptará el trato?

—No... —fue la honrada respuesta—. A estas alturas ya no lo creo, pero no me importa, porque pienso llevarme a Tunguragua por las buenas o por las malas.

—¡Ellos son tantos y nosotros tan pocos...! —se lamentó su mujer.

—Lo sé. Y por eso nuestra mejor arma será la sorpresa. Aprovecharemos la oscuridad para llevarnos a la niña. ¿Confías en su nodriza?

—Plenamente.

—Eso facilitará las cosas, puesto que ella es la única que podrá dar la voz de alarma en mitad de la noche.

—No lo hará.

—Confiemos en ello.

—¿Y qué ocurrirá luego?

—No lo sé.

—¿Adónde iremos?

—¿Qué importa eso? Lo primero es lo primero, y cuando volvamos a estar los tres juntos, nos preocuparemos del futuro. Ahora, sin Tunguragua, carecemos de futuro.

—¿Y si no conseguimos recuperarla?

—Será terrible, pero mucho menos terrible que si nos hubiéramos quedado en el Cuzco.

—¿Qué quieres decir con eso?

—Que de no haber hecho nada por salvarla, hubiéramos acabado por distanciarnos.

—¿De verdad lo crees?

—Estoy convencido... —insistió él—. Haber renunciado a todo cuanto teníamos nos ha unido aún más, y nos ha hecho madurar como padres.

—¿Y de qué nos sirve madurar como padres si no tenemos hija?

—De mucho, porque nos habremos ganado a pulso el derecho a engendrar nuevos hijos, y a intentar ser felices pese a que Tunguragua siempre nos falte...

—¡La hecho tanto de menos...! ¡Es tan hermosa! ¡Y tan dulce!

—Es dulce y hermosa, pero sobre todo es nuestra hija, y los dioses nos la concedieron para que cuidáramos de ella costara lo que costara.

—A veces pienso que nos están poniendo a prueba porque rompimos la ley que ordena que cada cual se debe casar con alguien de su rango —musitó ella—. Nos están obligando a demostrar que nuestro amor es lo suficientemente fuerte como para soportar el más duro de los trances.

—No creo que los dioses pierdan su tiempo en algo tan trivial —la contradijo Rusti Cayambe—. Y mucho menos si está en juego la vida de una niña. La culpa de todo es de Tupa-Gala, que a la larga será el mayor perjudicado, puesto que, ocurra lo que ocurra, tú y yo seguiremos juntos.

—Cuando te oigo hablar en ese tono tengo la impresión de que me estás preparando para lo peor.

Él la tomó de la barbilla y la obligó a que le mirara a los ojos.

—Lo peor ya ha ocurrido —susurró—. Lo peor es la incertidumbre... Si por desgracia Tunguragua muriese, sabríamos que ha dejado de sufrir, que nos espera en alguna parte, y que podremos empezar una nueva vida con la conciencia totalmente tranquila... —Agitó la cabeza, pesimista—. ¡Pero esto...! Intentar mantener a toda costa un hilo de esperanza es para mí lo más duro.

Ella se recostó contra su pecho buscando su protección, él la rodeó con el brazo, y al poco se quedaron dormidos, soñando con el momento de volver a acariciar a su pequeña.

Al alba ya estaban de nuevo en marcha y dos horas más tarde se toparon con un despreocupado muchachuelo que marchaba a buen paso sin cesar por ello de hacer sonar un caramillo al tiempo que arreaba a una veintena de alpacas, y que de improviso se detuvo, quedando como alelado al verlos.

—¿De dónde salen? —inquirió estupefacto.

—De las montañas.

—De «esas montañas» —repitió en tono incrédulo—. Nunca vi a nadie llegar por ese camino...

—Pues nosotros lo hemos hecho...

—¡Cuesta creerlo!

—¿Queda muy lejos la Calzada Real?

El pastorzuelo se volvió para señalar con ayuda del caramillo al fondo del cultivado valle que se abría a sus espaldas.

—Al otro lado del río.

—¿Has visto pasar por aquí a una gran procesión con músicos y soldados?

El rapaz meditó unos instantes y por último negó con un decidido gesto de cabeza.

—Dicen que últimamente ha habido mucho trasiego de *chasquis* que van y vienen, pero, aparte de eso, yo no he visto nada especial.

Sangay Chimé hizo un gesto hacia el rebaño.

—¿Nos darías un poco de leche?

—¡Toda la que quieran! —replicó el muchacho al que se advertía de lo más feliz ante una situación tan poco usual—. Esas malditas bestias lo único que dan es leche y problemas...

Se atiborraron de una leche tibia y reconfortante, reemprendieron el camino, y el sol estaba en su cenit en el momento en que vadeaban un riachuelo para poner al fin el pie en la hermosa «carretera» que descendía desde el Cuzco hasta la costa.

Tenía más de cinco metros de anchura y casi toda ella aparecía perfectamente empedrada puesto que conformaba una de las columnas vertebrales de la red viaria del Imperio, que con el tiempo llegaría a contar con más de cuarenta mil kilómetros de extensión, que abarcaban desde el río Ancasmayo, al norte, hasta el río Maule, en el extremo sur, y del océano Pacífico a las selvas amazónicas.

Caminos, puentes, ciudades y fortalezas conformaban los pilares del poderío económico y militar del Incario, y poner el pie sobre la Calzada Real o *capac-ñan* constituía un motivo de orgullo para sus habitantes.

Tomaron asiento en uno de los incontables peldaños de la gigantesca escalinata, y durante largo rato permanecieron muy quietos y en silencio, íntimamente satisfechos de haber coronado con éxito la casi increíble proeza de atravesar de parte a parte la abrupta cordillera oriental.

—¿Qué hacemos ahora? —inquirió por último el más joven de los soldados.

—Esperar.

—¿Cuánto tiempo?

—El que haga falta... —puntualizó Rusti Cayambe—. Sabemos que pronto o tarde la procesión pasará por aquí.

—Pueden tardar días... O incluso semanas.

—Pues esperaremos días... O incluso semanas.

—¿Y no sería mejor subir a su encuentro?

—Necesitamos descansar.

—No, por lo que a mí respecta... —intervino Sangay Chimé—. Prefiero salir a su encuentro a quedarme aquí sin hacer nada. Tú mismo aseguras que la incertidumbre es siempre lo peor.

Su marido la observó con atención. Había adelgazado terriblemente, y bajo los antaño luminosos ojos se habían formado oscuras bolsas que indicaban que se encontraba al límite de sus fuerzas, pero esos mismos ojos reflejaban la magnitud de su determinación, y que parecía dispuesta a reventar antes que a renunciar a su empeño.

Volvió luego la vista a la parte alta del camino que trepaba en suave pendiente y anchos escalones formando una amplia curva hasta las cultivadas terrazas que dominaban el valle por levante, y tras meditar unos instantes, asintió con un leve gesto de cabeza.

—¡De acuerdo! —dijo al fin—. Dormiremos un rato y reemprenderemos el camino.

Pero apenas tuvieron tiempo de cerrar los ojos, porque al poco hicieron su aparición en la cima de la colina tres mujeres que descendían por la Calzada Real con los pasitos cortos y rápidos que caracterizaban a las campesinas de las tierras altas.

Las observaron mientras avanzaban como saltarinas ratitas multicolores hasta que al llegar a su altura se detuvieron casi en seco para saludar con todo el respeto que se esperaba de quienes comprendían que se habían topado con personajes de casta muy superior.

—¡Buenos días! —dijeron casi al unísono.

—¡Buenos días!

—¿De dónde venís? —quiso saber Rusti Cayambe.

—Del Cuzco, señor.

—¿Y hacia dónde os dirigís?

—A Chinchillape, señor

—Un viaje muy largo.

Asintieron las tres a un tiempo.

—Muy largo, señor...

—¿Por casualidad os habéis encontrado por el camino con la procesión del *capac-cocha*?

—Oh, sí, señor. ¡Naturalmente! Nosotras formábamos parte de la procesión del *capac-cocha* que se dirigía al Misti. Aceptamos formar parte de ella puesto que así podíamos regresar cómodamente a Chinchillape.

—¿Y por qué la habéis abandonado?

—Porque ya no existe más, señor.

—¿Cómo es eso? —intervino con voz temblorosa Sangay Chimé, que había palidecido de improviso—. ¿Qué ha ocurrido?

Fue en ese momento cuando la mayor de las mujeres se fijó en ella, entrecerró los ojos y al fin exclamó sorprendida:

—¡Yo te conozco! Tú eres la princesa Sangay Chimé, la madre de Tunguragua... Te he visto varias veces en casa de mi ama... —Se volvió a Rusti Cayambe, al que observó con mayor atención para añadir—: Y tú eres su marido, el general Saltamontes.

—¡Sí, lo somos! —se impacientó este último—. ¡Pero responde! ¿Qué ha ocurrido?

—Que ese hijo de puta de Tupa-Gala, y perdón por la expresión, señor, se dio cuenta de que nos estábamos burlando de él, por lo que decidió cambiar el lugar del sacrificio... Ya no será en el Misti.

—¡Que los dioses nos protejan! ¿Dónde entonces?

—En un picacho que se alza al final de la puna negra.

—¿Cuándo?

—Mañana. Ayer a mediodía Tupa-Gala nos abandonó en mitad de la puna, llevándose únicamente una pequeña escolta. Como apenas quedaban provisiones, nos ordenaron que cada cual regresara como buenamente pudiera. La mayoría ha vuelto al Cuzco, pero nosotras hemos preferido continuar viaje hasta casa.

—¿A qué distancia se encuentra ese picacho?

Las tres mujerucas se miraron, y resultaba evidente que no lo tenían muy claro. Cuchichearon entre ellas y, al fin, la que parecía llevar la voz cantante señaló:

—Nosotras partimos al amanecer y sólo hemos hecho tres pequeñas paradas. Si te das mucha prisa tal vez puedas alcanzar la *huaca* de la puna negra antes de que cierre la noche. Desde allí, el nevado se divisa en la distancia, justo hacia poniente. No parece muy alto, pero sí bastante escarpado.

—¿Seguro que se encuentra a poniente de la *huaca*?

—Seguro, señor. Ayer, al caer el sol, me fijé en que se ocultaba a mitad de su ladera izquierda... Me dio mucha pena pensar que aquella horrenda montaña sería la última morada de una criatura tan dulce.

—¡Os agradecemos mucho vuestra información!

—¡No hay de qué, señor! Todas estamos en contra de semejante salvajada. —Hizo una corta pausa—. ¡Y una cosa más, señor!... Los soldados del Emperador te están buscando.

—Lo suponía, pero gracias también de todos modos.

—Que los dioses pongan alas en tus pies.

No fueron los dioses los que pusieron alas en sus pies, sino la desesperación de saber que al día siguiente la niña estaría muerta.

Corrían como si les fuera en ello la vida —y de hecho les iba—, pero al poco Rusti Cayambe decidió marcar un ritmo más pausado y constante, adecuando el paso a los accidentes del terreno, puesto que las escalinatas, las subidas y las bajadas destrozaban en poco tiempo cualquier capacidad de resistencia.

El mundo parecía no tener límites.

A un valle seguía otro valle, a éste una agresiva montaña, luego un riachuelo y más tarde una escarpada ladera por la que la hermosa Calzada Real serpenteaba hasta alcanzar un frágil puente que bailaba al ritmo del viento y del rumor de las aguas del río que cruzaba bajo él.

Hacía frío.

Pero sudaban.

Tenían hambre.

Pero se sentían incapaces de probar bocado.

Estaban agotados.

Pero jamás se detenían.

¿Dónde estaba la puna negra?

Atravesaban aldeas y caseríos sin intercambiar siquiera una palabra con sus habitantes, cruzaban junto a hombres y mujeres que labraban los campos o pastoreaban el ganado, dejaban muy atrás a solitarios viajeros que los veían pasar como si estuvieran locos, pero su destino parecía encontrarse cada vez más lejano.

Distinguieron la amazacotada silueta de un *tambo* ante

cuya puerta charlaba un grupo de soldados, por lo que se vieron obligados a dar un enorme rodeo ante la desesperación de Sangay Chimé.

—¡Vamos, vamos!... —gritaba una y otra vez.

—¡Cálmate! —le suplicaba de continuo su esposo—. ¡Cálmate o reventarás!

—Reventaré si no llegamos a tiempo.

Comenzaba a caer la tarde cuando se detuvieron ante la entrada de una pequeña *huaca* tallada en la roca justo sobre el nacimiento de un cristalino manantial de aguas heladas.

Al observarlos, tan destrozados, cabía preguntarse cómo era posible que aún consiguieran mantenerse en pie, y resultaba evidente que cualquier ser humano que no estuviese acostumbrado a la altura y el frío habría desistido tiempo atrás, pero ellos, y pese a su apariencia de absoluta derrota, continuaban manteniendo el ánimo decidido con la esperanza de coronar una nueva cima y vislumbrar el nacimiento de la puna negra antes de que las tinieblas se apoderaran definitivamente del paisaje.

—¡Mataré a ese malnacido! —masculló el general Saltamontes en cuanto consiguió recuperar el aliento—. Le arrancaré el corazón por los sufrimientos que nos está causando.

Era el suyo en verdad un sufrimiento fuera de toda capacidad de descripción, puesto que se trataba de miedo, angustia, dolor y un cansancio infinito que invitaba a recostarse contra una roca y quedarse dormido pese a que se tuviera plena conciencia de que cada minuto resultaba vital y de él dependía que llegaran o no a tiempo de librar de una espantosa muerte a su adorada Tórtola.

¡Tórtola!

Los valles andinos aparecían plagados de frágiles tórtolas que de tanto en tanto alzaban el vuelo asustadas, y cada una de ellas les recordaba —si es que en algún momento conseguían olvidarla— a la hermosa criatura que al día siguiente sería abandonada en la cima de un picacho nevado, donde moriría de frío.

¡Qué lejos parecía encontrarse aquel nevado!

Hacia poniente de la puna negra, allá en el horizonte, pero ni siquiera habían alcanzado aún el oscuro páramo desde el que divisarían la horrenda montaña.

—¡Vamos, vamos, vamos!...

De nuevo en marcha, de nuevo la interminable ascensión, y de nuevo un río y un puente y un barranco...

Oscurecía.

La noche les infundía terror, no por miedo a las tinieblas, sino porque tenían plena conciencia de que hasta la salida de la luna no podrían dar un paso sin riesgo a precipitarse hasta el fondo de uno de aquellos insondables precipicios.

El Cóndor Negro volaba de nuevo hacia ellos, y en esta ocasión sus alas parecían más tétricas que nunca.

—¡Vamos, vamos, vamos!...

Faltaba el aire incluso a unos pulmones sin comparación con los de cualquier otro ser humano.

Qué aprisa caía la noche, allí tan cerca de la línea ecuatorial.

—¡Vamos, vamos, vamos!...

¡Que los cielos nos ayuden!

Casi a rastras coronaron una loma y allí estaba...

¡La puna negra!

Un páramo sin límites, cubierto de inmensos charcos que muy pronto, en cuanto el viento nocturno llegara de las cimas nevadas, comenzarían a congelarse.

Encendieron fuego, improvisaron antorchas y a su escasa luz avanzaron por la amplia Calzada Real hasta que al fin distinguieron la irregular silueta de la gran *huaca* junto a la que la procesión se había disuelto.

Rusti Cayambe tomó asiento sobre una roca y respiró profundo mientras alzaba los ojos al cielo buscando la lejana luz de la Cruz del Sur que destacaba, fiel a sí misma, en la inmensidad de un cielo tachonado por millones de estrellas.

—Hacia poniente... —dijo—. Hacia allí.

Un buen militar tenía la obligación de saber guiarse por las estrellas, y el general Saltamontes había demostrado sobradamente ser un excelente militar.

Encendieron un fuego al que fueron echando los mil objetos que los miembros de la procesión habían abandonado a la hora de regresar al Cuzco, y tras comer algo se sintieron mucho más animosos.

—Si caminamos a buen ritmo toda la noche, al amanecer habremos alcanzado las faldas de ese picacho.

—¿A qué esperamos entonces?

—Hay que cargar con cuanto pueda arder.

Buscaron cestos, madera y ropas, y a los pocos minutos ya estaban una vez más en marcha, siempre hacia el oeste, siempre hacia aquella invisible montaña que debería de encontrarse allí, por donde se había puesto el sol.

El camino, llano, resultaba, no obstante, muchísimo más difícil de recorrer que la más empinada de las montañas.

Los pies se hundían en el agua hasta casi las pantorrillas, y poco antes de la medianoche los enormes charcos empezaron a helarse, con lo que el mero hecho de mantener el equilibrio comenzaría a ser un tremendo problema.

A más de cuatro mil metros de altitud y en plena noche, la puna negra se convertía en el lugar más inhóspito y desolado del planeta.

—¡Vamos, vamos, vamos!...

Lo poco que quedaba de las sandalias se convirtió en un despojo; por consiguiente tuvieron que continuar descalzos, y ello motivaba que un frío mortal se adueñara de todo su cuerpo, amenazando con matarlos pese a que siguieran caminando como autómatas.

Sangay Chimé llegó al límite de sus fuerzas, perdió pie, cayó de bruces sobre una placa de hielo y lanzó un desgarrador gemido que rompía el alma.

—¡Tórtola! —fue lo último que dijo—. ¡Mi Tórtola!

La alzaron en brazos, la condujeron hasta un punto ligeramente más elevado y que permanecía seco y prendieron una hoguera con intención de que entrara en calor y volviera en sí, pero Rusti Cayambe llegó muy pronto a la conclusión de que tardaría demasiado tiempo en recuperarse.

Observó los rostros de los silenciosos soldados, comprendió de igual modo que le habían ofrecido cuanto cabía esperar de un ser humano, y acabó por señalar, convencido:

—¡Quedaos con ella! Mantened el fuego todo lo posible y procurad que no se congele. Continuaré solo.

—¡Voy contigo!... —replicó el más joven de los tres—. ¡Aún me quedan fuerzas!

—El camino es muy largo y no es tu hija.

—¡Lo es! —le contradijo el otro—. Desde que salimos del Cuzco, Tunguragua es hija de todos.

Su general le miró a los ojos, leyó en ellos la firmeza de su decisión y aceptó con un leve ademán de cabeza.

—¡Adelante entonces! —dijo.

Ninguna noche fue nunca más larga, más fría y más tétrica. Ninguna tan angustiosa y agotadora.

Ninguna debió de existir en que la negra mujer de la guadaña persiguiera con más furia a dos hombres que se le escapaban chapoteando por entre el fango, el agua y el hielo.

El frío se convirtió en el peor de los enemigos imaginables y el viento que descendía aullando de las cumbres les cubría el rostro de escarcha, cuarteándoles los labios y cegando sus ojos.

El alba ni siquiera tenía intención de anunciar su presencia cuando ya Rusti Cayambe avanzaba sin rumbo, perdida la conciencia, adelantando un pie tras otro sin que su embotado cerebro fuera capaz de emitir orden alguna, por lo que en el momento en que al fin se detuvo para lanzar una embobada mirada a su alrededor, descubrió con dolor y amargura que se había quedado solo.

El animoso muchacho que le venía siguiendo se había perdido en las tinieblas, y sin duda en aquellos momentos yacía boca abajo, transformado en un pedazo de hielo más del páramo.

Quiso gritar, llamándolo, pero tan sólo un ronco estertor surgió de su garganta, se frotó los brazos puesto que, de tanto tiritar, parecían querer desprendérsele, y tras cerciorarse de que no se adivinaba resto alguno de su acompañante, alzó los ojos hacia las estrellas, se orientó una vez más y reanudó su tambaleante marcha hacia poniente.

Al amanecer se encontraba ya casi a los pies del picacho.

Aguzó la vista intentando distinguir cualquier rastro de presencia humana, pero no vio más que nieve.

Dio un nuevo paso, las piernas le fallaron y se quedó muy quieto, con una rodilla en tierra y el brazo en alto como buscando un punto de apoyo aun a sabiendas de que no encontraría más que aire.

Lanzó un sollozo.

Exhausto, con los pies sangrantes, las piernas laceradas y el cerebro embotado, gimió pidiendo ayuda pese saber como sabía que nadie acudiría nunca en su ayuda.

La puna negra era sin duda el confín del universo, un lugar maldito del que hasta los cóndores huían.

Permaneció completamente inmóvil durante un larguísimo período de tiempo, y quien le hubiese visto probablemente habría imaginado que se había convertido en una estatua de hielo que habría de permanecer en idéntica posición hasta el fin de los siglos.

Pero a sus espaldas surgió el sol.

¡El dios Sol!

Un sol que a semejante altura, sin una sola nube que le impidiera lanzar sus rayos verticalmente, a muy poca distancia de la línea equinoccial, abrasaba como plomo fundido, hasta el punto de que al cabo de una hora la sangre pareció comenzar a moverse, los músculos cobraron vida nuevamente, el aire descendió con más facilidad a los pulmones y la estatua de hielo emergió de un larguísimo sueño que le había llevado hasta las puertas mismas de la muerte para ponerse en pie tambaleándose como un borracho incapaz de controlar sus propios reflejos.

Cuando al fin Rusti Cayambe abrió de nuevo los ojos, resultó evidente que no tenía ni la más remota idea de dónde se encontraba.

Dio dos cortos pasos y se cayó de culo.

Sopay, el Maligno, el peor de los demonios del averno, surgió de las profundidades de una laguna helada para tomar asiento a su lado y susurrarle al oído que cerrase de nuevo los ojos, se tumbara sobre la tierra ahora caliente y se olvidara de cuanto no fuera dormir durante horas.

Ya no podía hacer nada.

Ya todo había acabado.

Estaba allí, al pie de una escarpada montaña, pero resultaba evidente que se había convertido en el único ser vivo del planeta.

Al final de aquella tétrica puna negra nadie había puesto los pies durante siglos.

—¡Duerme!... —musitó una vez más Sopay—. ¡Duerme y olvídate de todo!

—¡Tórtola! —le replicó con un hilo de voz—. ¡Mi pequeña Tórtola!

—Tórtola ha muerto... ¡Duerme!

Por unos instantes Rusti Cayambe soñó que había regresado a los días en que se perdió en el desierto de Atacama.

Se sentía igual de vencido, igual de muerto.

Los párpados le pesaban, los brazos parecían de plomo, las piernas se negaban a sostenerle y la misma voz repetía idéntico consejo:

—¡Duerme!

Primero se tumbó de costado, luego se puso a cuatro patas, más tarde de rodillas y por último consiguió erguirse aferrándose a lo único que ya le quedaba en este mundo: el nombre de su hija.

Recorrió una vez más con la vista las faldas del horrendo picacho, pero continuó sin distinguir rastro alguno de presencia humana.

Volvió la vista atrás y el páramo se encontraba igualmente vacío.

Incluso Sopay, el Maligno, había regresado a su cubículo del reino de las tinieblas.

Al ponerse en pie lo había vencido, pero sin duda era aquélla una inútil victoria que a nada conducía.

Escupió sangre, aspiró profundo y se puso de nuevo en marcha.

Una hora después iba dejando a su paso una roja mancha sobre la nieve de la montaña cuya cima no se encontraría a más de mil metros sobre el nivel del páramo, pero que vista desde donde se encontraba podría considerarse casi en el otro mundo.

Y es que aquel perdido picacho andino se mostraba especialmente agreste y escarpado, con grandes zonas en las que las negras paredes aparecían como cortadas a cuchillo, libres de una nieve que no había tenido ni siquiera un punto al que aferrarse, mientras que en otras el terreno subía y bajaba formando pliegues en los que esa nieve se acumulaba de forma harto caprichosa.

Se vio obligado a dar un enorme rodeo con el fin de iniciar el ascenso por la cara que parecía la más accesible, sobrepasó una delgada roca solitaria que semejaba un vigía siempre atento y al cabo de una hora de avanzar a duras penas con la nieve hasta las rodillas giró a la izquierda y se la encontró de frente sentada bajo un saliente de piedra, con los ojos muy abiertos como si hasta el último momento hubiese deseado mirar cara a cara a la muerte.

El corazón le dio un vuelco y no pudo evitar emitir un ronco gemido.

Aquélla era tal vez su última esperanza.

La única aliada que le quedaba en este mundo, la fiel nodriza que había criado a la princesa Sangay Chimé y más tarde a su hija, Tunguragua, permanecía allí, muy quieta, luciendo la tétrica sonrisa que se asoma a los labios de cuantos mueren de frío.

Parecía viva. Tan viva como cuando jugaba a hacer bailar los trompos en la terraza del palacio, sentada sobre sus piernas y con las manos cruzadas sobre el halda, vestida con sus mejores galas, porque sin duda murió consciente de que tendría que pasar muchísimos años en el lugar en el que había decidido darse al fin por vencida.

Rusti Cayambe había demostrado ser un hombre fuerte y acostumbrado a vencer cualquier tipo de emoción, pero en aquellos momentos no pudo evitar que una lágrima rebelde asomara a sus ojos, puesto que tenía muy claro que aquél sería el aspecto que muy pronto tendría su propia hija, y probablemente él mismo, ya que no se sentía con fuerzas como para regresar por donde había venido.

Se encontraba agotado, tan deshecho como un viejo pantalón al que se le hubieran roto todas las costuras, y no se sentía capaz de encontrar un solo músculo de su cuerpo que respondiera sin rechistar a las órdenes que le enviaba su cerebro.

Permaneció un largo rato allí, sentado junto a un cadáver que era ya más bien una estatua de hielo, observando desalentado la inclinada pendiente que nacía bajo sus mismos pies, y al final de la cual no se distinguía más que un cielo azul resplandeciente.

—¡Vamos, vamos, vamos! —se dijo, pero sus piernas ni tan siquiera se movían—. ¡Vamos, vamos, vamos, cada minuto cuenta!

Pero los minutos pasaban y las fuerzas no acudían.

Se volvió a lanzar una última ojeada al cadáver pensando en que tal vez sería una buena compañía con la que pasar los próximos mil años, y fue en esos momentos cuando reparó en la pequeña bolsa oscura que le colgaba del ancho cinturón de lana.

Suplicó un milagro, extendió la mano y la arrancó de un golpe.

¡Loados fueran los dioses!

Aparecía casi mediada de verdes hojas, y contenía incluso una pequeña cantidad de cal.

¡Loados fueran mil veces los dioses que habían puesto sobre la tierra una planta sagrada para que acudiera en ayuda de los desesperados!

Masticó con ansia, se recostó contra la pared de roca, cerró los ojos y aguardó los efectos de algo que nunca había considerado una droga capaz de crear adicción, sino únicamente una planta medicinal que le ayudaba a vencer el hambre y superar la fatiga en los momentos difíciles.

Por fin se puso de nuevo en pie y extendió la mano con el fin de acariciar levemente el rostro de la difunta.

—¡Gracias!... —musitó.

Reemprendió la marcha trepando a gatas por la empinada pendiente, escupiendo sangre mezclada con la verde saliva, maldiciendo, resoplando y a punto a cada paso de resbalar de nuevo hasta el fondo de la barranca.

Se vio obligado a detenerse para tomar aliento por tres veces.

Incluso se tumbó de espaldas sobre la nieve para permitir que el sol le calentara las manos que eran ya una pura llaga, y cuando al fin alcanzó la cima del repecho, cerró los ojos y se encomendó al Gran Viracocha en un último esfuerzo por conseguir que se apiadara de todos sus sufrimientos y no hiciera que se enfrentara una vez más a un paisaje de nieve y rocas vacío y desolado.

Al fin se decidió a mirar y allí estaban.

A unos trescientos metros de distancia, y no más de doscientos de la cumbre, una veintena de soldados habían alzado un rústico campamento en la pequeña explanada que se abría hacia poniente.

Avanzó tambaleándose como un borracho aunque se esforzara por conservar una cierta dignidad, pero todos sus esfuerzos resultaban inútiles, puesto que cada cuatro o cinco pasos las piernas le fallaban, caía de rodillas y tenía que hacer un terrible esfuerzo con el fin de ponerse una vez más en pie.

Al poco advirtió cómo un hombre corría sin aliento a su encuentro para detenerse, observarle horrorizado por su aspecto e inquirir con voz temblorosa:

—¿Qué ha dicho el Emperador?

Rusti Cayambe permaneció como idiotizado, intentó hablar, pero ni siquiera acertó a pronunciar una sola palabra.

El capitán de la guardia se quedó muy quieto, como si no quisiera dar crédito a lo que estaba viendo, pero por último extendió la mano, apartó el lacio cabello que caía sobre el rostro del despojo humano que se encontraba frente a él y al poco dejó escapar una especie de desgarrado lamento:

—¡General!

El Emperador recorrió con la vista la masa humana arrodillada a sus pies, sin distinguir más que espaldas y cabezas, puesto que ninguno de los presentes osaba alzar los ojos del suelo, que tenían a un palmo de la nariz, conscientes de que aquel día su dueño y señor parecía muy capaz de ordenar que los dejaran ciegos por el simple delito de atreverse a mirarle sin su consentimiento.

Se veían obligados a aguardar a que les dirigiera la palabra, ya que no era aquélla una recepción habitual, y el estricto protocolo ordenaba que cuando el Emperador se sentaba en el trono luciendo la borla roja distintiva de su inmenso poder, no actuaba tan sólo como Inca, sino como un semidiós descendiente en línea directa del mismísimo Sol, y por lo tanto mirarle de frente significaba tanto como mirar al astro rey en pleno mediodía.

Algo terrible estaba a punto de ocurrir.

El miedo enrarecía el ambiente, la muerte se paseaba con su afilada guadaña entre las hileras de hombres atemorizados, y cada uno de ellos parecía estar temiendo que la ira del todopoderoso cayera directamente sobre su cabeza.

Aquel rostro, por lo general amable dentro de su natural severidad, aparecía ahora crispado, los ojos, a menudo levemente burlones, brillaban como carbones encendidos e incluso la voz, grave y profunda aunque conciliadora, dejaba entrever una tonalidad poco común que permitía entender al más lerdo que se avecinaban momentos difíciles.

El silencio, roto tan sólo por los gritos de las guacamayas del jardín, se prolongó durante largos minutos, y la quietud obligaba a imaginar que más que seres humanos, los presentes eran en realidad estatuas de piedra.

Al fin, cuando ya más de uno luchaba contra la tentación de ponerse en pie y salir corriendo aun a sabiendas de que los soldados que guardaban las puertas les abrirían el cráneo con sus afiladas hachas de oro, el Emperador carraspeó por dos veces e inició su esperado discurso.

—Estos últimos años me he esforzado por comportarme como un gobernante justo, pacífico y paciente —dijo—. Mi mayor esfuerzo se ha centrado en conseguir el bienestar de mis súbditos, evitando guerras inútiles con el fin de ahorrar sufrimientos, convencido de que más vale un pedazo de tierra productivo dentro de nuestras fronteras que un inmenso desierto estéril fuera de ellas... —Hizo una larga pausa en la que nadie se atrevió ni a mover un músculo, y lanzando un hondo suspiró añadió—: Pero mi recompensa ha sido la traición y el engaño por parte de aquellos en quienes más confiaba... ¡Alzad el rostro!

Poco a poco, con el miedo aún reflejado en el semblante, los presentes se decidieron a levantar la cabeza para mirar directamente a su señor, que se entretuvo en observarlos uno por uno, consiguiendo que se aterrorizaran aún más de lo que ya lo estaban.

—Los quiteños están organizando un ejército con el que invadir la frontera norte... —añadió al poco—. El sumo sacerdote del Templo de Pachacamac se ha atrevido a mentirme y acabará convertido en *runantinya*, el general Rusti Cayambe y la princesa Sangay Chimé han sido condenados a muerte por alta traición, los gobernadores de Cajamarca y Tumbes han conspirado contra mí, con lo cual su destino es acabar en una hoguera, y me consta que entre vosotros se encuentran muchos que animaron secretamente a Tupa-Gala, contribuyendo a que se desempolvara un horrendo sacrificio impropio de estos tiempos... —Su tono fue aún más severo al ordenar—: Que se pongan en pie aquellos que se consideren culpables de tal delito.

Ocho hombres obedecieron y resultó evidente, por la palidez de sus rostros y el esfuerzo que tenían que hacer para mantener el equilibrio, que tenían plena conciencia de cuál era su futuro.

El Emperador los observó, pareció complacerse en dejar pasar el tiempo lo suficiente como para que paladearan la amargura del destino que les esperaba y, tras hacer un leve gesto de asentimiento, dijo:

—No estáis todos, pero el hecho de haber admitido espontáneamente tan grave delito salva a vuestras familias de la desgracia, y a la mitad, que se librará del verdugo. Será la suerte quien decida quién vivirá y quién no. Pero aquellos que no han demostrado valor, y cuyos nombres conozco, morirán, y sus mujeres e hijos serán condenados a la esclavitud...

Se escuchó un ronco lamento, y un anciano que ocupaba una de las primeras filas sufrió un desvanecimiento, por lo que dos soldados se apresuraron a tomarlo en volandas para sacarlo a toda prisa del enorme salón presidido por el Disco de Oro del dios Sol.

El Emperador se limitó a dirigirle una larga mirada de desprecio al tiempo que comentaba:

—Debió pensarlo antes, y no intentar engañarme una vez más... —De nuevo hizo una larga pausa antes de continuar—: La mentira, la intriga y la corrupción tan sólo conducen a la destrucción de las naciones, y no estoy dispuesto a que eso ocurra durante mi reinado. Pronto nacerá mi hijo, que heredará un Imperio fuerte y justo, y quien abrigue la más mínima duda de que así será ya sabe a lo que se expone. A partir de este momento me mostraré implacable.

Se puso en pie dando por concluida la recepción, para encaminarse, seguido por su escolta personal, al jardín de poniente, donde tomó asiento en su banco predilecto, haciendo un gesto para que le permitieran disfrutar a solas del mágico momento en que los últimos rayos del sol se colaban por entre las hojas y las ramas de oro puro.

Permaneció muy quieto largo rato, absorto en sus amargos pensamientos, hasta que con las primeras sombras de la noche, la reina Alia acudió a su encuentro.

Se acomodó a su lado, y durante unos instantes permanecieron en silencio, cogidos de la mano. Por fin, ella inquirió con un leve tono de reproche en la voz:

—¿Cómo es posible que perdones a la mitad de aquellos que te han traicionado por ambición personal y te muestres tan inflexible con quien únicamente ha intentado salvar a su hija?

—Porque las traiciones no se miden por sí mismas, sino por la proximidad de quien traiciona —replicó él sin volverse a mirarla—. Rusti Cayambe y Sangay Chimé deberían haber confiado más en mí, y no actuar por su cuenta.

—¿Y de qué les hubiera valido? —quiso saber ella—. Si tus *chasquis* no han llegado a tiempo, y dudo que lo hayan conseguido, Tupa-Gala sacrificará a la niña. ¿Has tenido alguna noticia?

—Sabes bien que no.

—¿Entonces...? —señaló su esposa con marcada intención—. ¿Cómo puedes condenar a unos padres por hacer aquello que cualquier padre haría? La ley de la sangre es más antigua y más fuerte que cualquier otra ley, y si te consideras superior a ella, estás cometiendo no sólo un error sino también un grave pecado de egolatría.

—¿Por qué tienes la extraña virtud de decir siempre aquello que más daño puede hacerme? —se lamentó el Inca—. Tienes una rara habilidad a la hora de poner el dedo en la llaga.

—Quizá se deba a que soy la única que puede hacerlo sin que la mandes ejecutar... —replicó la reina Alia con una leve sonrisa—. Lo malo de vivir recibiendo continuas alabanzas es que no se aprende a encajar las críticas. Hoy has tomado varias decisiones acertadas, pero has olvidado algo muy importante...: ¿qué piensas hacer con los quiteños?

—En cuanto nazca el niño iré a combatirlos personalmente.

—¿Tú? —se sorprendió ella—. ¿Al frente de los ejércitos? ¿Acaso no tienes generales capacitados para hacerlo?

—No confío en ellos. Son buenos guerreros, pero lentos e indecisos, y ha llegado el momento de que solucionemos los problemas de la frontera norte de una vez por todas.

—Rusti Cayambe no es lento... Ni indeciso.

—No... —admitió su esposo—. Él no lo es, pero debes

hacerte a la idea de que está muerto. Cuando dicto una sentencia, nada puede hacer que me vuelva atrás.

—¿Acaso te consideras infalible?

—¿Acaso no fuiste tú quien me enseñó que tenía que serlo? —quiso saber él—. De ti aprendí muchas cosas, pero hay algo que he tenido que aprender solo. El poder absoluto tiene grandes ventajas, pero tremendos inconvenientes, y uno de ellos se basa en el hecho de que no existe forma alguna de volverse atrás. A partir del momento en que te ves obligado a admitir que te has equivocado, tienes que aceptar que te puedes equivocar más veces, y ése es siempre el principio del fin.

—Es triste que hayas tenido que llegar a una conclusión tan dolorosa, y a mi modo de ver tan errónea. Desde el momento en que renuncias a tus propias convicciones por miedo a lo que opinen los demás, estás demostrando una debilidad que no demostrarías aceptando que de vez en cuando te equivocas. Pero tú eres el Emperador, y yo tan sólo tu esposa, y si crees que ésa debe seguir siendo tu línea de comportamiento, la aceptaré pese a que no la comparta.

—De ti nunca he esperado únicamente aceptación, sino también consejo... —le hizo notar su esposo tomándola de nuevo de la mano—. Lo que ocurre es que creo que en este caso particular tus sentimientos personales pesan en exceso.

—Pesan, en efecto... —admitió ella—. Pero aun así continúo pensando que todo padre capaz de sacrificar su bienestar y su futuro, arriesgando la vida por un hijo, lo que merece es recompensa, no castigo.

—Estaría de acuerdo en cualquier otra circunstancia que no pusiera en peligro las bases del poder.

—Si estás de acuerdo con una idea, pero antepones a ella el principio de poder, te conviertes en esclavo de ese poder, y en ese caso ya no eres dueño ni de tus ideas ni de ti mismo. Empiezo a lamentar el haber contribuido a que seas lo que ahora eres. No era ésa mi intención.

—¿Y cuál era tu intención?

—Hacer de ti un auténtico Emperador tan justo y tan seguro de sí mismo que no tuviera que preocuparse de lo que opinan los demás ni aun cuando se equivoca.

Regresó por donde había venido, dejando a su hermano más solo y desconcertado que nunca, puesto que, aunque se negara a reconocerlo, tenía plena conciencia de que le asistía toda la razón.

Si en verdad se consideraba descendiente directo del dios Sol, no tenía por qué dar cuenta alguna de sus actos.

Fue esa preocupación por la opinión ajena lo que le indujo a aceptar las pretensiones del aborrecido Tupa-Gala, y empezaba a temer que en esta ocasión estaba siguiendo idéntico camino.

Eran probablemente las dudas sobre su propia identidad divina, y su derecho a ocupar un trono en el que absolutamente todo le estaba permitido, lo que a menudo le obligaba a comportarse tal como lo estaba haciendo.

¿Pero cómo no dudar en las actuales circunstancias?

No se sentía divino, ni todopoderoso, y ya ni tan siquiera justo y honrado en sus decisiones.

En una pequeña habitación del Templo de la Luna aguardaba una mujer.

En otra habitación de un discreto palacio del Recinto Dorado, otra.

Y en los sótanos de la fortaleza que guardaba la ciudad por el norte, una tercera.

Jamás había visto a ninguna de ellas, y jamás las vería.

Tampoco ellas verían jamás al hijo del Sol, y probablemente ni siquiera volverían a ver la luz del sol.

Ello le obligaba a sentirse minúsculo y miserable.

¿Qué clase de semidiós se veía obligado a recurrir a tales artimañas?

¿Cómo podría volver a creer en su poder, en su infalibilidad y sobre todo en su integridad, si el infame plan que el astuto y sombrío Yahuar Queché había diseñado se cumplía?

¿Con qué autoridad podría exigir a sus súbditos que no osaran mirarle a la cara, cuando en realidad sería él quien no podría mirarlos?

Alcanzar el poder absoluto resultaba en verdad gratificante, pero esforzarse por conservarlo a toda costa llegaba a convertirse con frecuencia en una difícil carga.

Le había sido concedido el supremo don de ser considerado el amo del mundo gracias a la sangre de los dioses que corría por sus venas, pero en aquellos momentos, sentado allí, en un jardín construido a base de oro macizo, no podía por menos que plantearse si, en efecto, la sangre que corría por sus venas era divina o correspondía a la de un simple mortal elegido al azar por cualquiera de sus antepasados.

Tal vez su padre, o su abuelo, o el abuelo de su abuelo, se habían visto obligados a recurrir de igual modo a una añagaza tan rastrera, ocultando a una pobre campesina embarazada cuyo hijo sería presentado al pueblo como descendiente directo del dios Sol.

La reina Alia se encontraba ya en el séptimo mes de embarazo, y si por cualquier desgraciada circunstancia su hijo no nacía o nacía defectuoso, sería sustituido en el acto por aquel que acabara de nacer, fruto del vientre de cualquiera de aquellas desgraciadas.

Yahuar Queché las había elegido cuidadosamente en razón de su estado, su fortaleza, su salud e incluso su apariencia física, las había traído de noche al Cuzco y las había ocultado allí donde nadie pudiera verlas.

Ni siquiera ellas mismas sabían por qué razón se encontraban allí, ni cuál sería su destino o el de los niños que estaban por nacer.

Su única preocupación tenía que ser la de traerlos al mundo fuertes, sanos y en el momento justo.

Al fin y al cabo, un recién nacido es siempre igual a cualquier otro recién nacido, y nadie es capaz de determinar qué clase de sangre corre por sus venas.

Y lo que el Incario necesitaba si pretendía sobrevivir, no era más que un recién nacido al que se le pudiera dar el título de descendiente directo del dios Sol.

Si con posterioridad nacía un auténtico heredero, hijo legítimo del Emperador y de la reina, el «impostor» desaparecería con la misma discreción con que había llegado, víctima de algún desgraciado accidente.

Pero si tan esperado acontecimiento no tenía lugar, años más tarde ocuparía el preciado trono del oro y las esmeraldas por más que fuera hijo del más mísero de los esclavos.

Las razones de Estado podían llegar a ser extrañamente tortuosas, e incluso los semidioses se veían obligados a elegir caminos secundarios que los condujeran no obstante a su glorioso destino.

Debido a ello, el Emperador no podía por menos que preguntarse si era aquél un plan imaginado originariamente por la retorcida mente del aborrecido Yahuar Queché o contaba con algún precedente en su familia.

Y se le antojaba en verdad una pregunta sumamente dolorosa.

Si la consanguinidad de generaciones de uniones entre hermanos había planteado con anterioridad un problema semejante, entraba dentro de lo posible que la línea directa que se suponía que le entroncaba con Manco Cápac se hubiese roto tiempo atrás, lo cual quería decir que por sus venas no corría ni tan siquiera una gota del dios Sol.

Era por tanto un usurpador.

Usurpadores habían existido miles a lo largo de una historia plagada de intrigas y engaños, pero en su caso no se trataba únicamente de la usurpación de un trono más o menos valioso, sino de la usurpación de una personalidad divina, lo cual conllevaba la seguridad de un futuro altamente inquietante.

El día de su muerte no viajaría directamente al paraíso reservado a unos semidioses que no tenían por qué dar cuentas de sus actos terrenales, sino que tendría que enfrentarse a un juicio muchísimo más severo que el del resto de los mortales, puesto que sus actos habrían tenido sin duda una repercusión infinitamente mayor que los de un sencillo pastor o un simple orfebre.

Él había dispuesto del destino y la vida de millones de seres humanos, y cada uno de cuantos se sintieran perjudicados por sus actos se encontrarían probablemente allí, dispuestos a pedirle cuentas en el justo momento de la verdad definitiva.

Aquellos a quienes había convertido en *runantinyas* le reclamarían por los inconcebibles sufrimientos que habían tenido que padecer; aquellos a los que había ordenado que les arrancaran el corazón para arrojarlo al fondo del Titicaca le exigirían que fuera a buscarlos para poder descansar en paz por el resto de la eternidad, y aquellos a los que había enviado a sangrientas batallas demandarían un castigo ejemplar para quien no tenía el más mínimo derecho a iniciar una guerra insensata.

Ya noche cerrada, regresó a la pequeña estancia en la que le gustaba refugiarse tan a menudo para ordenar que hicieran venir a Yahuar Queché, y en cuanto lo tuvo ante él le hizo un impaciente gesto para que se pusiera en pie olvidando las ceremonias.

—¿Cómo están las mujeres? —quiso saber.

—Sin el menor problema, mi señor... —fue la segura respuesta del hombrecillo de mirada torva—. La primera está ya a punto de dar a luz.

—Demasiado pronto, ¿no te parece?

—Conviene estar prevenidos, mi señor, y ya he enviado a mi gente a localizar otras posibles madres por si fuera necesario.

—Bien... Lo que en verdad importa es conservar el secreto.

—Confía en mí. Si llegara el caso, cosa que sinceramente dudo puesto que en esta ocasión el embarazo de la reina no parece presentar problemas, nadie sabría qué es lo que ha ocurrido en realidad.

—Así lo espero... —El Emperador guardó silencio, pareció dudar, pero al fin observó a su interlocutor con extraña fijeza para inquirir—: Y ahora dime... ¿Se ha dado esta situación con anterioridad?

—No te comprendo, mi señor... —replicó evasivamente Yahuar Queché.

—¡No trates de engañarme! —le reprendió ásperamente el Inca—. Me comprendes muy bien. Quiero saber si, a lo largo de la historia de mi dinastía, se ha presentado alguna vez un problema de sucesión que haya obligado a tomar medidas semejantes.

—No que yo sepa, mi señor.

—¿Estás completamente seguro?

—Ni los historiadores de más feliz memoria, ni en ningún *quipu* de los muchos que conservan los *quipu-camayocs*, tienen constancia de que algo así haya podido suceder. Por el contrario sabemos que Pachacuti tuvo que deshacerse de alguno de sus hijos con el fin de evitar futuras disputas, y por lo que a mí respecta, estoy absolutamente convencido de que por tus venas no corre más sangre que la de tus gloriosos antepasados.

—Por tu comentario deduzco que presentías que ese tema me preocupaba.

—No soy ningún estúpido, mi señor. Y creo que te conozco bien. Eres un hombre justo que gobierna con mano firme porque está convencido de que lo hace porque ésa es la razón por la que vino al mundo.

—Sin embargo, en este caso en especial no estoy siguiendo las normas que yo mismo me impuse.

—Aún no hemos llegado a ello, mi señor.

—¿Pero y si llegamos?

—En ese caso no me quedaría más remedio que hacerte comprender que la paz y el bienestar de tus súbditos bien merecen semejante sacrificio. Por mucho que te cueste actuar de un modo impropio, o por mucho que pudiera remorderte en un futuro la conciencia, ésa forma parte de la carga que depositaron sobre tus espaldas el día en que fuiste nombrado Emperador.

—¿Pretendes decir con eso que debo gobernar incluso en contra de mis propias convicciones?

—Cuando tus convicciones están en contra de los intereses de millones de seres humanos, desgraciadamente sí... —El hombrecillo hizo un amplio gesto con las manos como queriendo señalar que no existían demasiadas alternartivas—. O lo haces así, o renuncias a gobernar, y te recuerdo que en tu caso no tienes en quién abdicar.

—¡Eso es muy cierto! —El Inca lanzó un hondo suspiro—. ¡Bien! —añadió—. Lo único que podemos hacer es confiar en que la reina dé a luz felizmente a un auténtico descendiente del dios Sol.

—¿Me permitirías que te hiciera una pequeña puntualización a ese respecto, mi señor?

—Naturalmente...

El torvo personaje se tomó un tiempo como para medir muy bien sus palabras, y por último señaló:

—Sé que has condenado a muerte a Rusti Cayambe y a la princesa Sangay Chimé, mi señor. Y tengo muy claro, por tanto, que ya no puedes volverte atrás y tendrán que ser ejecutados. —Carraspeó levemente—. No obstante, tengo constancia del profundo afecto que la reina Alia siente por ellos, y sinceramente creo que en su estado actual, tan cerca ya del final de su embarazo, la noticia de su muerte podría afectarla, tanto a ella como a la criatura que está por nacer... —Hizo una significativa pausa—. Mi consejo, por tanto, si es que me consideras digno de darte un consejo, es que aplaces la ejecución hasta que el heredero haya nacido...

—Eso es algo que no puedo hacer.

—¡Mi señor!... El Inca puede hacer lo que le plazca.

Tupa-Gala observó con gesto de profundo desagrado al despojo humano que tenía ante él y que apenas hubiera conseguido mantenerse en pie si el capitán de la guardia no le hubiera cogido por el brazo, y tras agitar una y otra vez negativamene la cabeza, inquirió:

—¿A qué has venido?

—A buscar a mi hija... —replicó un casi balbuceante Rusti Cayambe.

—¿A tu hija? —fue la áspera pregunta—. Tunguragua ya no es tu hija. Es la ofrenda que el pueblo inca le hace a mi señor, Pachacamac, en desagravio por las ofensas a que fue sometido, y para suplicarle que no destruya el Cuzco de una sola sacudida.

—Sigue siendo mi hija, y lo seguirá siendo hasta el fin de los siglos, le guste o no a Pachacamac —musitó roncamente el recién llegado—. Viracocha, el Creador, que es el dios de todos los dioses, tuvo a bien concedérmela, y eso es algo que ni tú ni nadie puede negarme.

—¿Y no se te ha ocurrido pensar que Viracocha pudo concedértela para que se la ofrecieras a Pachacamac?

—Si un dios quisiera hacerle una ofrenda a otro dios, no tendría por qué valerse de simples seres humanos.

—¿Tanto sabes de dioses?

—Menos que tú, desde luego... —puntualizó con un hilo de voz el agotado general Saltamontes—. Y no he llegado hasta aquí para discutir sobre teología, sino para suplicarte que me devuelvas a mi hija.

—Pachacamac exige un sacrificio.

—¿Y no le satisfacería más la vida de un general de los

ejércitos del Inca que una inocente criatura que ningún daño ha hecho a nadie? Deja que suba a esa cima y me siente a esperar la muerte. Yo sabré hacerle comprender que nunca pretendimos ofenderle, que le respetamos, y que lo único que deseamos es ver nacer a un nuevo Emperador que continúe la estirpe.

—¿Estás ofreciendo tu vida a cambio de la de Tunguragua?

Rusti Cayambe asintió convencido.

—Mi vida ya nada vale. Y sin ella, menos aún. Probablemente mi esposa ya ha muerto de frío, y por lo tanto me sentiré feliz de presentarme ante tu señor, que apreciará más la ofrenda de un valiente soldado que la de una niña asustada.

Tupa-Gala tardó muchísimo tiempo en responder.

Meditaba, y mientras lo hacía no dejaba de observar cómo la sangre se deslizaba por las piernas del hombre que tenía frente a él, y cómo poco a poco la nieve se iba tiñendo de rojo.

Al cabo de un tiempo que pareció infinito volvió a la realidad, clavó los ojos en el rostro desencajado y trémulo de un hombre absolutamente derrotado y en trance de rodar a sus pies en el momento menos pensado y por último señaló:

—Probablemente tienes razón, y una niña asustada no es el embajador más adecuado para una ocasión tan señalada... —Negó una y otra vez con la cabeza—. Pero también dudo que «Aquel que mueve la tierra» acepte que le enviemos una piltrafa humana, que es lo que en realidad eres en estos momentos... Ofrecerle a mi señor a un condenado a muerte por alta traición que a duras penas se mantiene en pie, significaría añadir una nueva ofensa a las ofensas.

—¡Pero continúo siendo general! —protestó Rusti Cayambe.

—¡Ya no! El Emperador te ha degradado. Ya no eres nada, y Pachacamac no es de los que se contentan con nada. O le ofrecemos un auténtico sacrificio, o rugirá con tal ímpetu que no quedará piedra sobre piedra de una punta a otra de la nación.

—Mi vida es todo lo que me queda... —le hizo ver su desesperado interlocutor—. ¿Acaso tu señor no preferirá a alguien que se sacrifica, feliz por lo que hace, que a una criatura aterrorizada?

—Sin duda... —admitió Tupa-Gala con un extraño tono de voz—. Pero más que alguien «feliz», preferiría alguien convencido de la importancia de semejante sacrificio... —Negó con la cabeza para acabar por afirmar—: Y ése no eres tú.

—¿Quién puede estar más convencido que quien se ofrece voluntariamente?

—Quien además admita que Pachacamac merece un grandioso sacrificio que supere todo lo imaginable realizado hasta el presente, y que al propio tiempo limpie por completo todas las dudas que puedan existir sobre el comportamiento de los sacerdotes de su templo... —Sonrió con amargura al añadir—: El sumo sacerdote de ese templo...

Se hizo un silencio en el que Rusti Cayambe y el capitán de la guardia se observaron, como si temieran haber entendido mal.

Por fin, el segundo de ellos inquirió con un hilo de voz:
—¿Tú?
—Yo.
—¿Estás hablando de sacrificarte a «Aquel que mueve la tierra» sentándote a esperar la muerte en lo alto de esa cima?
—Exactamente.

Nuevo silencio en el que dos hombres se mostraban incrédulos y un tercero seguro de sí mismo hasta el punto de que por último señaló con voz pausada:

—Soy consciente de los muchos errores que he cometido; del mal que he causado a muchos inocentes, y del merecido castigo que me espera. Mi pecado ha sido, como siempre, la soberbia, pero me precio de ser un hombre inteligente, y por lo tanto considero injusto que seres inocentes paguen por algo de lo que tan sólo yo soy responsable... —Observó con extraña fijeza a Rusti Cayambe, y a sus labios afloró una levísima sonrisa amarga al añadir—: Has demostrado ser un hombre muy valiente, no sólo por el hecho de llegar hasta aquí descalzo y semidesnudo, sino por el coraje que significa renunciar a todo por salvar a tu hija...

—¿Qué otra cosa podía hacer?

—Nada —fue la respuesta—. Podías no haber hecho nada, pero al comprobar hasta qué extremos te ha llevado el amor por tu familia, admito que me equivoqué al juzgarte, y eres digno de unirte a una princesa de sangre real. Con hombres como tú el Imperio siempre estará a salvo. —Hizo un leve gesto con la mano hacia la pequeña tienda de campaña que se alzaba a sus espaldas—. ¡Llévate a tu hija! —dijo—. Te la mereces. Yo ocuparé su lugar en la cima de esa montaña, e intentaré convencer a mi señor para que continúe durmiendo durante mucho, mucho tiempo...

Giró sobre sí mismo e inició con paso firme el ascenso hacia la cumbre sin volver ni una sola vez el rostro.

Rusti Cayambe y el capitán de la guardia permanecieron inmóviles, observando cómo se alejaba con la misma serenidad con que solía ascender por las escalinatas del templo en los amaneceres en que se disponía a degollar una alpaca al pie del altar, y cuando al fin lo vieron tomar asiento en la cima para volver el rostro hacia poniente y quedarse muy quieto esperando la muerte, el segundo comentó roncamente:

—Recoge a tu hija y salgamos de esta maldita montaña antes de que caiga la noche y el frío nos mate a todos.

A media tarde habían dejado atrás las nieves eternas e iniciaban ya su apresurada marcha por la negra llanura, cuando vieron llegar hacia ellos un hombre que corría desalentado luciendo en la cabeza la roja cinta de los *chasquis* imperiales.

Cayó de rodillas a los pies del capitán de la guardia, aguardó unos instantes esforzándose por recuperar el aliento y por fin consiguió articular casi con un supremo esfuerzo:

—El Emperador ordena que se impida el sacrificio y Tupa-Gala sea conducido, encadenado, al Cuzco.

El otro hizo un leve gesto negativo al tiempo que indicaba la cima del picacho envuelto en brumas.

—¡Demasiado tarde! —replicó—. Demasiado tarde.

Una silenciosa multitud se apretujaba en torno al cadalso que había sido alzado a los pies de la fortaleza norte, observando, entristecida, lo poco que quedaba de la hermosa pareja que años atrás marcara un hito en la historia del Cuzco, que durante tres días y tres noches vibró de alegría por el hecho de que una princesa de sangre real y un general de origen plebeyo decidieran unir sus destinos.

¡Cómo habían cambiado las cosas!

¡Qué esfuerzo había que hacer para reconocer en aquellas dos figuras demacradas, escuálidas, sucias y cabizbajas, que aguardaban arrodilladas al pie de sus verdugos, a los felices recién casados que antaño recorrieran entre vítores las calles de la ciudad!

¡Qué tristeza que los más dulces sueños concluyeran casi siempre en amargas pesadillas!

Cada soldado del Incario había tenido en Rusti Cayambe un ejemplo vivo del maravilloso futuro que esperaba a los valientes, y cada muchacha del Incario había visto en la princesa Sangay Chimé un espejo en el que reflejarse.

Y ahora estaban a punto de morir estrangulados.

¡Juntos, pero estrangulados!

¿Quién lo hubiera dicho durante aquellos tres gloriosos e irrepetibles días en los que el ancho valle se cubrió con un manto de música y risas?

Resonó la música.

Pero en esta ocasión no se trataba, como entonces, de alegres flautas y vivaces tamboriles, sino del severo retumbar de las trompas que anunciaban la presencia de un

Emperador que acudía sentado en un pesado sillón de oro que cargaban entre más de cuarenta hombres.

Arrodillados, con la cabeza gacha, casi rozando la húmeda hierba con la punta de la nariz, los cuzqueños aguardaron, inmóviles, a que la comitiva de un centenar de soldados llegase ante el patíbulo, el Inca fuese acomodado a menos de diez metros de los reos y un tambor diese la señal de que podían alzarse.

Lo hicieron sin que se escuchara ni tan siquiera un murmullo.

El Emperador, lejano e impasible, parecía no encontrarse en aquel lugar y ni tan siquiera reparar en el deplorable aspecto de quienes iban a morir.

Durante largos minutos todo fue quietud.

Oscuras nubes descendían de los cerros del suroeste amenazando lluvia, pero podría creerse que hombres, mujeres e incluso niños se habían convertido en estatuas de piedra a las que nada, más que el destino de aquellos dos desgraciados, afectaba.

Al fin el Inca hizo un leve movimiento, recorrió con la vista la masa humana que se extendía ante él y concluyó por mirar directamente a Rusti Cayambe y a Sangay Chimé, que apenas se habían movido.

Por fin, como si regresara de un largo viaje a un lugar que tan sólo él parecía conocer, el Emperador alzó una voz clara, fuerte y severa.

—Habéis sido declarados culpables de alta traición, y por lo tanto no puede haber para vosotros otro castigo que la muerte... —dijo—. Así lo marcan las leyes, y así lo he ordenado... —Hizo una nueva pausa, y por último añadió—: Sabido es que el Inca no debe volverse atrás cuando toma una importante decisión, pero sabido es, también, que el Inca es todopoderoso por mandato divino, por lo que el destino de los hombres y las naciones depende pura y exclusivamente de su indiscutible voluntad... —Giró la vista con gesto desafiante, alzó aún más la voz y proclamó en un tono indiscutible—: ¡Yo soy el Inca!, descendiente directo de Manco Cápac y del dios Sol, y hoy mi corazón rebosa felicidad porque mi hijo ha nacido sano y fuerte, el futuro de mi dinastía está asegurado, y por lo tanto considero que no es éste momento de muerte y amarguras, sino de vida, felicidad y compasión...

Se escuchó un rumor.

Un aliento de esperanza pareció vibrar, estremeciendo las espaldas de los cuzqueños, que se alzaron sobre las puntas de los pies y aguzaron el oído, intentando no perder una sola palabra de lo que su señor estaba diciendo, y tanto Rusti Cayambe como Sangay Chimé se decidieron a alzar el rostro y a mirar a los ojos a aquel que tenía su destino en sus manos y que al poco añadió:

—Por el afecto que mi esposa, la reina Alia, madre del futuro Emperador, os profesa, por el amor que por ella siento y porque considero que un gobernante realmente justo es aquel que en algún momento sabe mostrarse compasivo, yo, el Inca, dictamino que la pena de muerte os sea conmutada por la de destierro...

Se escuchó un clamor y miles de hombres y mujeres se abrazaron.

Cuando de nuevo se hizo el silencio, el Emperador concluyó:

—Tú, Rusti Cayambe, te pondrás al frente de tus ejércitos, te dirigirás al norte y combatirás a los rebeldes quiteños hasta su total pacificación. Si triunfas en tu empeño, gobernarás la nueva provincia. Si fracasas, más te vale no sobrevivir... —Se volvió a la princesa—. Y tú, Sangay Chimé, compartirás su destino, pero recuerda que nunca, bajo ninguna circunstancia, ninguno de los dos podrá volver jamás a la sagrada ciudad del Cuzco. —Hizo un gesto a los porteadores para que le alzaran y se lo llevaran de allí, al tiempo que sentenciaba—: Ésa es mi voluntad, y así debe cumplirse...

Y así se cumplió.

Lanzarote, marzo de 1999.

Nota del autor: Cerca de Quito existen tres gigantescos y altivos volcanes: el Cayambe, el Sangay y el Tunguragua, que cuenta la leyenda que deben sus nombres a la memoria del que fuera el más justo, honrado y valiente gobernador que tuvo nunca la ciudad, su amante esposa y su preciosa hija.

booket